掌握孩子需求的7大關鍵心理×66個例句解析
打造快樂的親子關係

孩子對話的
66堂
練習課

曾田照子／著
速水えり／插圖
黃筱涵／譯

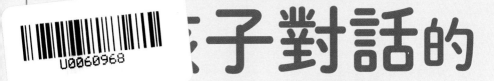

前言

在培養孩子的自信之餘，減輕育兒的煩惱與壓力吧！

大家好，我是曾田照子。在照顧三個女兒之餘，我從事廣告或書籍文章的撰寫工作已經超過二十年了。在兼顧意外狀況頻繁的育兒生活與處理「文字」的工作當中，我發現了一個事實，那就是「只要改變說話方式，就能夠改變育兒生活」。

為人父母，無論誰都會希望「孩子能夠擁有自信」。

只要有自信，無論遇到多少困難，都能夠繼續挑戰，心想「我一定可以！」。就算遇到挫折或失敗了，也能夠心想「我還可以繼續！」並憑自己的力量重新振作，或者心想「那就試試看別條路吧！」然後積極調整方向。

想要讓孩子充滿著自信，就必須：

- **認同孩子最真實的面貌，並採用正面話語。**
- **孩子主動想做什麼時，不隨便否定。**
- **孩子失敗時，不貶低孩子。**

也就是說，要懷著愛情，將孩子視為獨立的個體來尊重。

沒錯，相信願意拿起本書的讀者們，應該都明白這個道理吧？

但是……知道與實際上辦不辦得到是兩碼子事。

在日常的忙碌生活中，我們難免會對無法如自己期望行動的孩子感到煩躁，甚至不小心對孩子說出過分的話，各位是否也有過這樣的經驗呢？（……我就曾有過這種經驗，雖然明知道這樣不對。）

然後陷入自我厭惡之中，對育兒完全失去信心，各位也會這樣嗎？（這對我來說同樣是家常便飯，沮喪後面對孩子又變得更加沮喪，結果陷入惡性循環當中，這樣的事情也不是一次兩次而已。）

仔細觀察周遭，我發現經常會有這樣的狀況：愈是認真思考孩子的事情、愈是想正面迎戰育兒挑戰的爸爸或媽媽，就愈容易說出與內心期望相反，「讓孩子失去信心的話」……。

明知道卻做不到的苦楚，事與願違的育兒過程，真的很讓人煎熬。

我認為想要從中解脫的話，最重要的是必須隨時意識自己所說的每一句話。

本書將依常見的育兒困擾，說明對孩子說話時的訣竅。

只要利用簡單的話語，就能夠讓孩子的自信心成長茁壯。

而善用增加孩子自信的話語，父母本身也會更加從容，對育兒自然也會更有信心。

改變說話方式不需要特別的道具，也不需要上課或花錢，只需要稍微轉換自己的想法，因此每個人都能夠立即開始。

而且效果也相當卓越（當然也會因人而異），請各位務必參考本書嘗試看看。

目錄

第1章 讓孩子實際體會到「自己備受珍惜」，是自信的重要基礎。

第2章

「可以繼續待在這裡」的安全感有助於培育孩子的自信。

第3章

「我想挑戰！」的幹勁有助於打造孩子的自信。

第4章

「我辦得到！」的成就感能夠確立孩子的自信。

第5章

「父母守護著自己」的信賴感有助於拓展孩子的自信。

第6章 「能夠生下來真是太好了！」的喜悅 讓孩子的自信充滿光輝。

第7章 「自己的人生要靠自己活！」的覺悟 能夠推動孩子的自信。

日文版封面設計／萩原弦一郎（デジカル）
內文設計／デジカル
DTP／ユニット
本書是將《ママ、言わないで！子どもが自信を失う言葉66》配合2020年3月爲止的現況加筆、修正而成。

第1章

讓孩子實際體會到「自己備受珍惜」，是自信的重要基礎

不做人身攻擊

01「你是笨蛋嗎？」

常常被罵「笨蛋」的話，就會真心認為「自己是笨蛋」。

重要性 ★★★★☆

孩子經常忘東忘西、成績不好、
靜不下來、提醒了也沒在聽，
每件事情都要唸真的很累人。
最後父母忍不住
崩潰說出：「你是笨蛋嗎？」

✿多加出言稱讚！

就連撰寫這種書的我，都不敢斷定自己從未罵過孩子「笨蛋」……不，其實真的有罵過。

我並不是在幫自己找藉口，但其實偶爾說句「笨蛋」也無妨。畢竟父母也是人類，難免會有情緒上來的時候。會有情緒也是因為很認真在教育孩子的關係，所以我認為將這種想法傳達給孩子，應該不是一件壞事。

開玩笑或玩耍時說出口當然沒問題，搭配「你真笨耶」、「阿呆」等吐槽也是一種健全的溝通方式。

家長應該要避免的是在日常生活中一直貶低孩子，如果每天都罵孩子「笨蛋」的話，孩子就會認為「自己真的是笨蛋」並且失去自信。

發明王愛迪生小時候也被周遭的人視為笨蛋，只有母親持續告訴他：「你才不是笨蛋。」並滿懷熱誠地教育他。

結果愛迪生最後成功成為了發明王。如果愛迪生的母親也跟著認為「我的兒子是笨蛋」的話，或許燈泡等無數的發明就不會問世了。

當我想罵孩子「笨蛋」的時候，就會想起「天才與傻瓜只有一線之隔」這句話，並轉而稱讚孩子（笑）。

改變遣詞用字不但會改變自己的觀點，或許還會發現從未注意到的才能。光是不貶低孩子這件事，我想就已經是一件好事了。

想要改善孩子讓人不禁想罵「笨蛋」的行為時，在稱讚過後說出具體的「期許」，像是「你這麼聰明，希望你現在能這樣做」或許就能夠順利改善。

換句話說！

「好厲害！天才！」
「太棒了！」

02 「不准哭！」

強迫孩子止住眼淚，有時會造成反效果。

重要性 ★★★☆☆

我的孩子是個性軟弱的愛哭鬼，
玩具被比自己年紀小的
小朋友搶走會哭，
有時光是蚊子飛過來就淚眼汪汪，
讓人不禁擔心他的未來……。

告訴孩子哭也無妨。

明明已經不是小嬰兒卻很容易哭出來的孩子，內心似乎特別纖細，對他人的想法也很敏感。

因此就算他們不想哭，眼淚也會忍不住流下來。

我們經常會聽到「家長要替孩子說出他們的情緒，並仔細傾聽孩子想表達的話語」。等孩子慢慢學會用話語表達自己的情緒後，以眼淚代替述說的機率就會減少。

但是，實際嘗試過後，我發現這件事相當困難……我也曾經失敗過。

不但孩子的話語很難理解，當我想要替孩子說出他的心情時，孩子也一直堅稱「不對！」然後繼續哭……愈是想溫柔地對待孩子，就會變得愈煩躁，最後忍不住說出「不

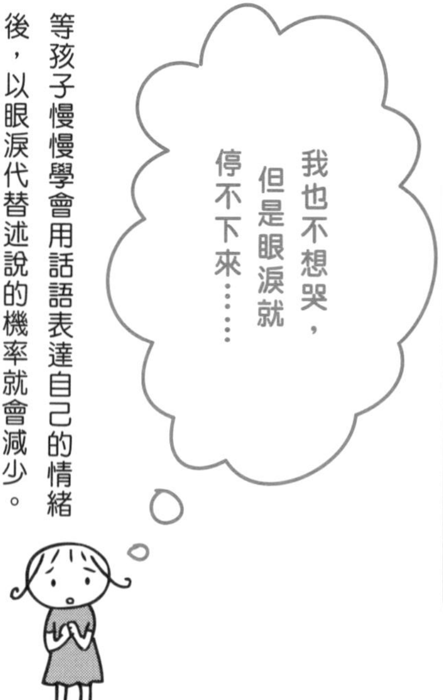

准哭！」，結果孩子嚇到後又哭得更大聲——陷入這種惡性循環的經驗，可不是一次兩次而已。

反覆經歷這種情況的話，親子雙方肯定都會失去自信。

某天，我實在疲於應付，對孩子說「就哭到你開心為止吧」然後就放著不管了。

原以為「他應該會哭得更激烈吧」，沒想到孩子卻馬上不哭了。

或許是「哭也沒關係」的安全感，幫助孩子比平常更快地轉換了情緒。

這讓我不禁思考，也許父母太在意孩子哭的這件事了。

仔細想想，哭泣並不是一件壞事，對身體也沒有什麼害處。

甚至還有研究報告顯示「壓力物質會隨著眼淚排出體外」。

因此孩子在哭的時候，不必強迫孩子停止哭泣，將孩子帶到不會吵到他人的場所，讓孩子盡情大哭，或許也是消除壓力的一種方式。

話說回來，大人看了很感動的電影而哭出來後，心情也會爽快許多對吧？

換句話說！

「你很難過吧？」
「哭出來也沒關係喔。」

03 「不能和其他人一樣嗎？」

這樣是否過度順應他人價值觀，忽視了孩子本身的價值呢？

重要性 ★★★☆☆

我的孩子不懂得觀察周遭的氣氛，
在幼稚園時也總是一個人亂晃……
不會像其他小朋友那樣玩耍。
就算問孩子「不能和其他人一樣嗎？」
孩子好像也不明白。

獨特＝擁有他人所缺乏的魅力！

我小時候曾經因為母親一句「你就不能跟別人一樣嗎？」而感到受傷，雖然我覺得自己很正常，但是似乎與母親認知中的「正常」不太一樣。

直到長大之後，我才總算明白母親所謂的「正常」，是指「能夠看懂氣氛，配合大多數的人，平淡穩妥地度日」。

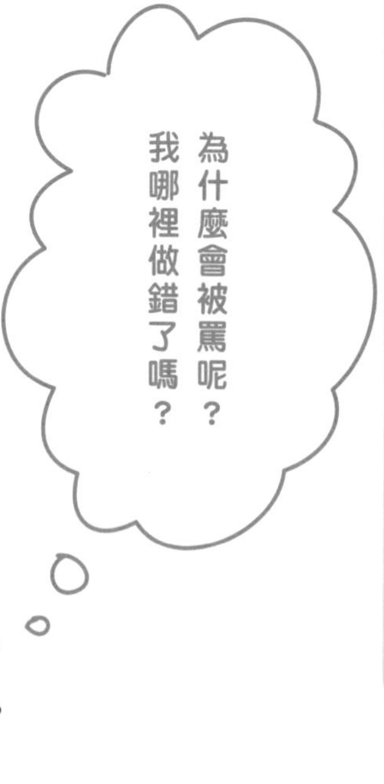

這或許是因為日本有「棒打出頭鳥」的傾向，所以孩子出生後，如果有哪裡「和別人不太一樣」時，家長就會特別敏感並覺得擔憂。

我也忘了自己曾因此困擾受傷過，對自己的孩子們說出「要和大家一樣」，或心想「拜託你正常一點！」。

之前孩子的體重增加狀態脫離成長曲線讓我很在意時，某個幼兒園的老師告訴我：

換句話說！

「你有很多優點喔！」

「所謂的『正常』範圍其實很廣。」

世界上沒有身高、體重、性格、喜好等全都在平均值的人。

每個人都有稍微脫離平均值的地方，是很「正常」的。

國外將「有個性」視為優點，據說「獨特」這個字是用來稱讚人的。

與別人不同的地方，才更有可能是這個人的風格或是優點。

看似奇特的孩子、缺乏協調性的孩子，或許也會因為無法好好配合周遭的人，而感到傷心。

我想這時不需要對孩子說「請你正常一點」，只要告訴孩子「你有很多優點喔」就可以了。

真的很在意孩子的奇特之處時，就找發育相關的機構諮詢吧。和專家一起思考該怎麼幫助孩子拓展優點、遮掩缺點，就可以陪孩子慢慢練習。

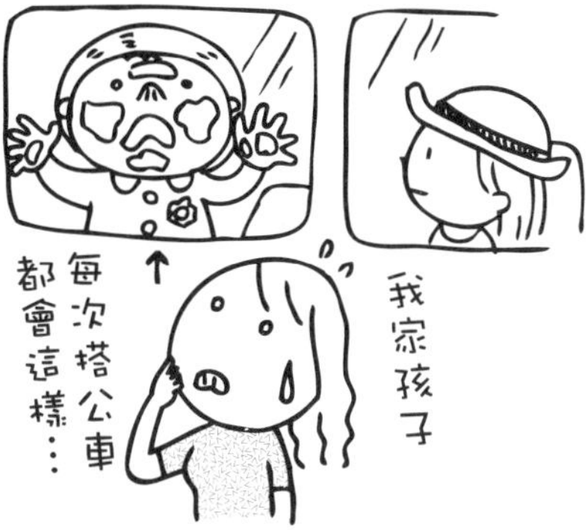

04 「因為你長得不好看」

直接將孩子認定為不好的一方，會很傷孩子的心。

重要性 ★★★☆☆

女兒長得像父母，
容貌的「精緻度」稍有不足，
於是家長經常告訴女兒：
「因為妳長得不好看，所以要親切點，
平常要保持笑容。」

成為型男美女需要的是「自信」。

我認為內心的美比外表的美更有價值。總是笑臉迎人的人非常棒對吧？

但是如果保持微笑的理由是「因為自己長得不好看，所以至少要保持微笑」，那就有些悲傷了。

「因為你某方面不行，所以必須這麼彌補」的說法乍看之下很積極，但是以「某方面不行」為前提，是會傷害孩子的心靈的。

就算沒有真的傷到孩子的心，也可能讓孩子在不知不覺間深深認為「自己長得不好看，所以必須想辦法彌補」。

容貌遭到批評或嘲笑時，就算當場佯裝沒那麼受傷，內心深處的自信仍會逐漸被侵蝕，最後演變成嚴重的心結。

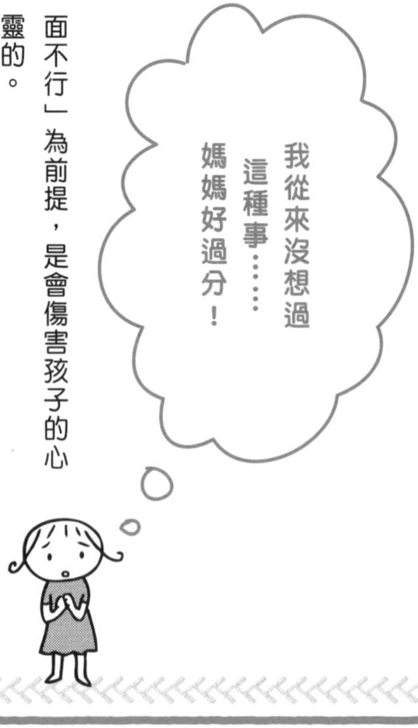

為什麼
長這樣的爸爸媽媽，
能夠生出這麼可愛的
我呢？
這算教育
成功嗎…？

在孩子內心種下容貌方面的心結一點好處也沒有。

如果孩子長大後滿心都是「醜女化妝也沒用」、「我不帥所以交不到女朋友」的話就太悲傷了，所以請家長別再說出這些殘忍的話了。

曾任日本環球小姐賽事總監的伊納斯．利格隆女士就曾說過：「自信是變美的重要關鍵。」所以讓孩子有自信是很重要的。

我家女兒們遺傳到雙親的平凡外貌，但我總是告訴她們：「我已經把妳們生得很美了，剩下的就要靠自己努力囉。」

美的標準因人而異，所以只要稱讚孩子「很美／很帥」就可以了。

無論哪一種外貌都會有各自的優點，例如深邃的五官看起來「很有毅力」、「表情鮮明」，平坦的五官看起來「樸素溫柔」、「療癒系」等，肯定找得到好的一面。

換句話說！

「好可愛。」「好帥。」

「笑容很迷人！」

05 「真邋遢！」

服裝儀容、整潔……為什麼會這麼在意邋遢呢？

重要性 ★★☆☆☆

玩具總是丟滿地不肯收、
衣服脫下來就丟著、
衣襬跑出來也不在乎、
頭髮總是亂糟糟……
看到兒子這麼邋遢就覺得煩。

✿先降低標準並具體指導孩子。

無論大人多麼想追求井然有序的生活，只要有孩子後，家裡就會變得散亂骯髒。所以認清現實，接受一定程度的「邋遢」會比較好。

但是，看到亂糟糟的房間與滿地亂丟的衣服，內心還是會感到壓力。

就算知道育兒生活難免邋遢，我偶爾也會想吶喊：「我受夠這麼髒亂的環境了！」

某位前輩媽媽告訴我「這時妳就試著去想像2種孩子吧」。

①為了回應父母的期待，忍著不去做想做的事情，結果一直不斷累積壓力的「認真孩子」。

②穿著皺巴巴的襯衫，滿臉燦爛笑容跑來跑去的「邋遢孩子」。

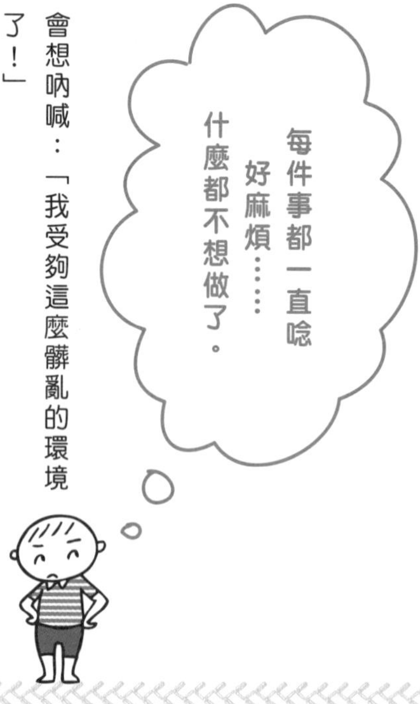

哪一種比較好呢？

我想應該是後者吧。

在過度限制下長大的孩子不容易產生自信，稍微降低內心的標準，才能讓全家人都面帶笑容。

我告訴自己，與其嚴格要求孩子「必須收拾乾淨、必須穿好衣服」，大家都能歡笑度日會比較快樂。

雖然有沙子還是可以喝!!
太熱了要脫衣服
我很喜歡這樣的你喔。

儘管如此，考量到孩子的將來，家長還是會希望讓孩子學會「確實」穿好衣服、整理房間。

為此，身旁的大人必須很有耐心地反覆指導做法。

這時關鍵在於不要一直嘮叨著「快點整理好」、「用心一點」等。

而是陪孩子一起動手，同時具體指示應該怎麼做，例如「把襯衫衣襬紮好」、「玩具的家在哪裡呢？」、「鞋子要擺整齊喔」、「看完的書要放回原位喔」。

在孩子確實做好時，出言稱讚「你整理得好乾淨，我好開心喔」、「這樣比較帥喔」等等，也是很重要的事情。

換句話說！

「一起整理吧。」

「把襯衫的衣襬紮起來比較帥喔。」

06 「壞孩子」

隨便冠上「壞」字只有壞處而已。

重要性 ★★★★★

用蠟筆在牆壁塗鴉，
或是弄髒鄰居曬的衣服……
惡作劇得太過分，
會讓人不禁怒斥：「壞孩子！」

✿壞的不是孩子，是「行為」。

世界上沒有天生的壞孩子。

但是常常會發生稍微一不注意，孩子就惡作劇讓人忍不住慘叫的事。

這種時候，罵出「你這個壞孩子！」的話，會讓孩子將自己的存在與「壞」相連，認為「原來我是壞孩子啊」而難以培養出自信心。

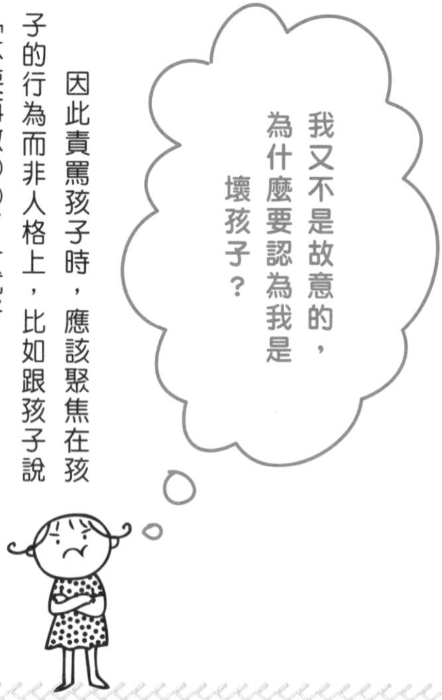
我又不是故意的，
為什麼要認為我是
壞孩子？

因此責罵孩子時，應該聚焦在孩子的行為而非人格上，比如跟孩子說「不要再做〇〇了」就好。

我的娘家還留有一張我小時候的照片，當時我用嬸嬸的化妝品將整張臉塗成全白。拍照的人是我父親，他經常拿著這張照片糗我說：「妳以前很愛惡作劇！」

孩子做出什麼事情時，若是沒有危險的

撕下壁紙…
唰啦啦
總是自己默默進行，根本注意不到…
在榻榻米上塗鴉…
不過…最近還開始署名…
彩織

話，在斥責前先拍張照片，其實是個不錯的點子。

大部分的情況下，大人都會在拍照時轉而覺得「算了」，甚至能夠以正面心態接受這件事情，心想：「等你長大，我就要拿這張照片笑你！」

接著就可以深呼吸，問孩子「該怎麼收拾才好？」、「真傷腦筋，該怎麼辦呢？」引導孩子自己思考，有時候孩子還會主動說出：「對不起，我以後不會再做了。」

在電車吵鬧、在人前打滾鬧脾氣等等，當孩子「刻意」表現成壞孩子的時候，往往是在表達：「不管是要罵我還是生氣都無所謂！快點理我！媽媽不要無視我！」

這時請確實看著孩子的雙眼，讓孩子知道「我有好好看著你喔」，有時這麼做就能夠讓孩子停下「壞行為」。

換句話說！

「別再〇〇囉！」「你竟然這樣！」

「我有好好看著你喔。」

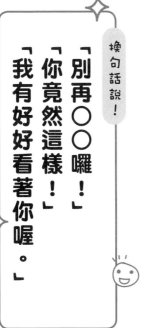

07

「你明明是男生／女生」

以性別為由強迫孩子表現出特定行為，會摧毀孩子的自信。

重要性 ★★★☆☆

長子身為男生卻愛玩娃娃，
妹妹是個女生卻個性強悍，
總是惹哭哥哥。
真希望哥哥像個男生，
妹妹像個女生啊……。

認同孩子的個性吧。

想激勵兒子所以說出：「男兒有淚不輕彈！」希望女兒優雅一點就說：「女孩子說話不可以這麼粗魯！」等等……有時大人難免會像這樣，期望孩子的行為「符合」自己的性別對吧？

但如果只因為「你是男生」、「妳是女生」這種性別因素，就要求孩子改變行為的話，是培養不出孩子的自信的。

有位少年因為是男孩子，所以從小就被迫接受足球的英才教育，但是他卻表示「雖然我很會踢足球，但是我不喜歡足球。我喜歡的是畫畫」，他似乎認為「總覺得喜歡繪畫的自己，在家裡會格格不入」。

某位女性也說，自己從小就一直聽家人說「如果妳是男生就好了……」。結果長大

之後心裡仍一直覺得「都是因為自己生而為女性，讓父母很失望」。

即使同樣是女生，也有乖巧的孩子、會強烈主張自我的孩子、喜歡穿裙子的孩子、喜歡做菜的孩子、想成為戰隊英雄的孩子、想打棒球的孩子，個性五花八門，男生也是如此。

大人基於常識，將「男生應該這樣」、「女生應該這樣」的印象強壓在孩子身上，導致孩子失去對自己個性的自信心，那就太可惜了。

男生的樣子、女生的樣子都只是一種行為模式，任誰在性別之前，都會有「自己的樣子」。

強迫孩子接受一般大眾的想法，用性別的刻板印象去養育孩子的話，很容易讓孩子認為「都是自己不好」、「我沒有出生就好了」。

想斥責動作粗魯的女兒或是沒毅力的兒子時，請不要將性別掛在嘴邊，只要一邊思考「為人應有的樣子」一邊仔細向孩子說明就好。

換句話說！

「你覺得這樣禮貌嗎？」
「做自己就可以了喔。」

08

「我最討厭你了」

是否將育兒壓力發洩在孩子身上了呢？

重要性 ★★★★★

每天都和孩子獨處，覺得很厭煩。
照顧孩子很麻煩，孩子又很吵，
明明是自己的孩子，
卻完全不覺得可愛，
忍不住說出：「我最討厭你了！」

✿你的心是否被逼到絕境了？

聽到最喜歡的爸爸媽媽說討厭自己時，孩子的自我評價就會變低……事到如今不必多說，想必各位也已經知道這件事了吧？

儘管如此，我們做父母的難免還是有想對孩子說出「討厭你」的時候。

沒有父母會想要討厭自己的孩子，當然也不是真心討厭，只是被逼到極限了而已。

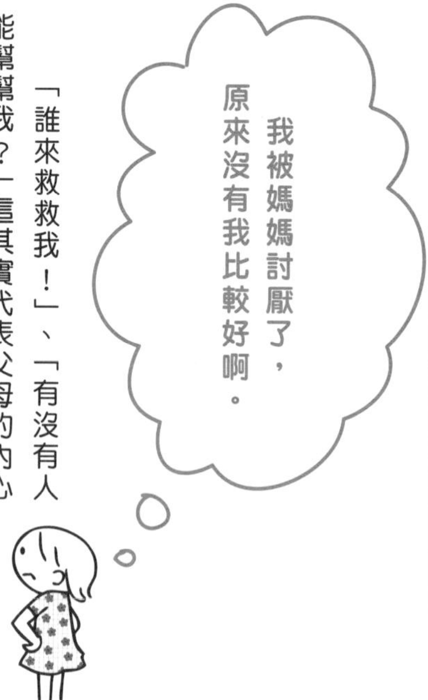

「誰來救救我！」、「有沒有人能幫幫我？」這其實代表父母的內心在哀號著。

我發現當今的日本社會圍繞著一種氛圍，那就是「母親必須24小時給予孩子無限的愛」。

育兒相當艱辛，必須耗費體力、氣力與精神力，特別是育兒新手，盡是不熟悉的事

情，非常消耗心力。尤其愈是個性認真、溫柔的媽媽，愈容易不依賴他人，獨自承受這些辛勞。

媽媽感到疲憊、辛苦的時候，也是需要休息的。所以這時安排半天或幾小時也好，請將孩子託付給能夠信賴的人，休息一下，找回自己的步調。

就算育兒本身沒那麼辛苦，也會有母親覺得「討厭自己的孩子」。

孩子與母親都是人，彼此之間當然也有所謂的契合度。無視自己的感受，認定「必須喜歡自己的孩子才行」會讓自己變得更加痛苦。

無論是喜歡或討厭都不要鑽牛角尖，也是一種人生智慧。以前的人光為了生活就精疲力盡，沒有過度思考仍然順利將孩子養育成人。所以不妨換個思考方式，用古人的方法養育孩子也不錯。

更何況……愛的相反不是討厭，是漠不關心才對吧？

會苦惱自己無法愛孩子，其實也是一種愛。很在意自己無法喜歡孩子的媽媽，我想肯定與她的話語相反，內心一定有著對孩子的愛意。

換句話說！

「最喜歡你了。」

「媽媽也要休息一下。」

09 「你這個騙子」

孩子說謊時必須嚴厲斥責，避免之後再犯？

重要性 ★★★★☆

我的孩子平常會說點小謊，例如有作業時卻謊稱沒有。這讓媽媽相當難過，忍不住斥責「你這個騙子」。

比責備更重要的是「理由」。

說謊確實不好，最理想的親子關係是雙方能夠互相坦然說出自己的想法，不要對彼此說謊。

這個世界上或許有完全不說謊的人，但是大部分的成年人為了經營人際關係，難免會說點以「客套話」或「討人歡心」為由的小謊不是嗎？甚至還有「善意的謊言」這句話呢。

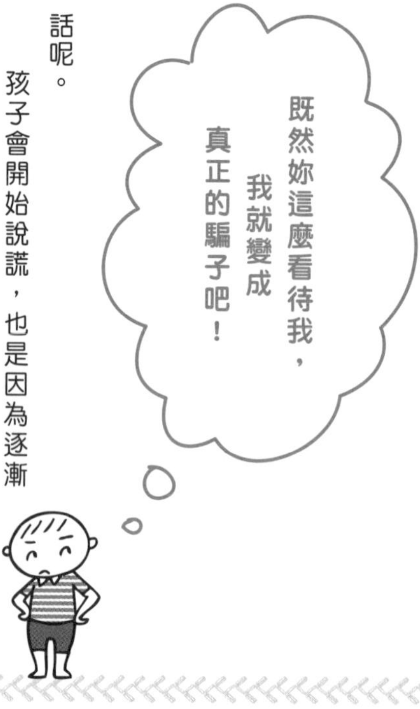

孩子會開始說謊，也是因為逐漸長大，開始建立起包括謊言在內的複雜人性之緣故。

完全無視人性的複雜層面，硬是跟孩子說：「說謊是不對的！」會讓孩子認為「你不了解我的心情」、「你根本不在乎事情的來龍去脈」進而破壞親子間的信賴關係。

所以請先搞清楚原因，不要一開頭就責

備孩子。

孩子也知道說謊是不對的，但是將孩子逼到不得不說謊的可能不是別人，就是爸爸或媽媽。

孩子有時候會為了逃避父母的責問，說出一下就會被拆穿的藉口想蒙混過去。這種時候，父母直接認定孩子是「騙子」的話，孩子說不定就會變成真正的騙子。

但是，也不能因此就裝作沒發現孩子在說謊。

發現孩子說謊的時候，只要以柔和的態度指出「哎呀？你搞錯了吧？」即可。藉此讓孩子知道「對父母說謊是行不通的」。

幼童經常會說出不知道是真實還是作夢的話語對吧。

這其實就是想像力——也就是孩子的思考能力有所成長的證據。所以請不要隨口說出「騙人的吧？」，試著陪孩子一起天馬行空地想像吧。

換句話說！

「你搞錯了吧？」

「為什麼要這麼說呢？」

本章總結

孩子討厭聽到的話，其實與父母是一樣的。請將孩子當成「獨立的人」加以尊重吧！

舉例來說……若有其他人不斷說自己是「笨蛋」的話，任誰都會陷入「自己是笨蛋」的迷思當中。因此持續否定、攻擊孩子的特色或性格等「人格」，會讓孩子迷失自己的價值。

但是也並非要大家勉為其難地稱讚孩子、吹捧孩子……。

我認為，只要試著調整自己的心態，認清「孩子與爸爸或媽媽一樣，都是獨立的人」就好。

我們身為父母，很容易覺得「因為是孩子」就把孩子當作笨蛋或是輕視孩子。

但是孩子也有情緒與個性，將孩子視為一個獨立的人來看時，就會注意到有些話語自己聽了也不開心，或是不會隨便向他人說出口。

平常請努力將孩子視為一個獨立的人來對待並尊重他，光是如此就能夠讓孩子感受到「自己受到珍視」，有助於建立自信的「基礎」。

第2章

「可以繼續待在這裡」的安全感有助於培育孩子的自信。

不要把孩子當成障礙

10 「回去自己的房間念書」

孩子待在自己的房間，反而無法專注於念書？

重要性 ★★☆☆☆

孩子雖然有自己的房間，
卻總在廚房或客廳寫作業。
父母擔心孩子無法專注，
就要求孩子：
「回去自己的房間念書。」

✿客廳和餐桌有助於提升成績。

既然都幫孩子準備房間了，不善加利用就太浪費了。

這是無所謂，但是某項調查發現，成功考上高門檻國中的學生，幾乎都是在客廳或廚房念書，而非在自己的房間。

數學問題與寫出正確國字的問題等等，大部分的作業對於孩子來說，都很難熬又很麻煩。

一個人悶在房間裡，默默進行這些麻煩的作業，對成人來說也很辛苦對吧？更何況是好奇心與精力都很旺盛的孩子，更是一下子就厭煩了。

但是和家人待在同一個空間念書的話，就有助於避免這些問題。除了媽媽盯著的緊張感之外，或許也有家人守護著自己的安全感吧？

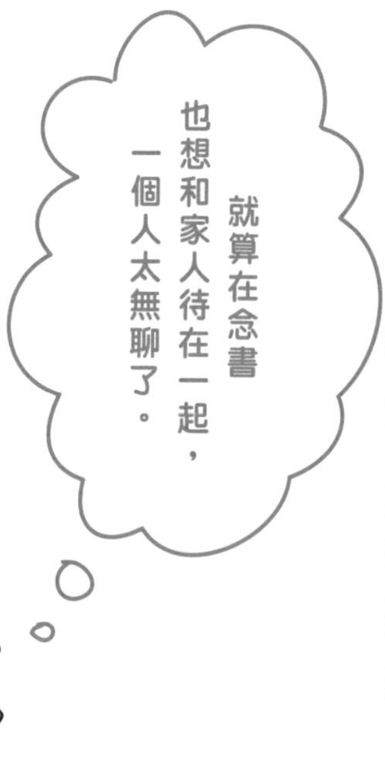
就算在念書
也想和家人待在一起，
一個人太無聊了。

光是意識到空間裡其他人的存在，就能夠加倍專心，這就像大人在咖啡廳或圖書館等有其他人的場所，不知為何工作起來就格外順利一樣。

更何況，大人與孩子分處不同生活空間的話，就會愈來愈難看穿孩子的想法，也不曉得孩子正在做什麼。

讓孩子待在獨立的房間，除了保護孩子的隱私外，也有助於培養獨立的個性。但是老是把孩子趕回房間的話，就等於跟孩子說「在看不見的地方，就算你做什麼我也不知道」。

有時甚至會讓孩子認為「只要待在自己的房間，想做什麼都沒關係」，養成整天悶在房間裡的習慣。

孩子成長到青春期後，自然而然就會想要擁有「自己的空間」，所以在這之前，父母只要好好享受「親子空間」即可。

「贊成」怎麼寫啊？
我不知道
我不知道啦～
呃⋯
簡直是客廳學堂啊⋯

換句話說！

「在這裡念書如何？」
「作業寫完的話，也可以待在房間玩喔。」

11

「不要插手！」

一直拒絕孩子幫忙，會造成意想不到的負面影響。

重要性 ★★★☆☆

孩子「想幫忙」的心意
雖然令人開心，但不管是
打掃、洗衣服還是做飯，
坦白說孩子插手反而會造成困擾！
所以通常會出言拒絕：「不要插手！」

藉由幫忙累積孩子的生活經驗。

「請讓孩子多幫忙家事」、「生活體驗非常重要」……我們當然都明白這些道理，而且讓孩子實際體驗到「自己幫得上忙」，也有助於培養孩子的自信對吧？

儘管明白，但是孩子的「幫忙」卻反而會礙手礙腳的，大多數情況下只會徒增大人的工作。

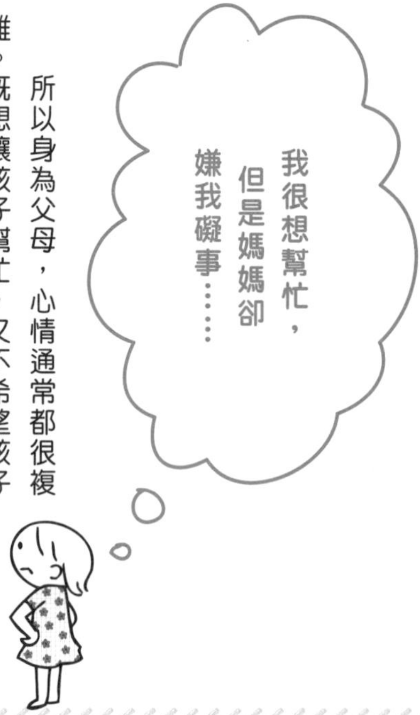

所以身為父母，心情通常都很複雜。既想讓孩子幫忙，又不希望孩子插手。

我認為沒有餘裕讓孩子幫忙的時候，坦率拒絕也無妨。

雖然會有點過意不去，但是有時也需要給予孩子善意被拒絕的經驗。

這邊要特別注意的是拒絕方式。請避免嚴厲地說出「不要插手！」，要對孩子說「謝謝你，但是今天媽媽很忙，下次再麻煩你」等等，這樣也等於是向孩子示範如何以溫柔且令人舒服的態度「拒絕他人」。

我的某位朋友在孩子年幼時，因為嫌麻煩而不讓孩子幫忙，等到孩子上國中後才想說「差不多該讓孩子幫忙家事了」，結果孩子卻已經認為「不做是理所當然的」、「那是媽媽的工作吧」，為時已晚。

孩子對大人做的所有事情都很有興趣、會想一一模仿的年齡，僅到學齡前而已。

所以打鐵要趁熱，請及早為孩子建立「幫忙是理所當然」的觀念。

將孩子的幫忙定位成「協助做家事」，或許會覺得礙手礙腳。

但是從家事學習、食品知識教育、手指靈活度教育等角度來看，或許會認為就算得多花時間或總是失敗，也屬於一種「寶貴的經驗」……對吧？

換句話說！

「謝謝你！幫了我大忙。」
「下次再請你幫忙。」

12 「我不要這樣的小孩」

否定的話語也會讓自己更痛苦。

重要性 ★★★★★

每天的生活只有照顧孩子這件事情，
工作與興趣都是遙不可及的夢想，
連一點自己的時間也沒有。
忍不住就想著
「我不要這樣的小孩」。

用療癒的話語蓋過去吧。

育兒並非只有快樂的事情，任誰都有過無論多麼努力，事情都無法如預期發展、無法獲得回報而覺得煎熬的時期。

孩子晚上哭到讓人無法入睡時，一直說不要不聽話時，讓人忍不住暴怒時……我有好幾次差點說出：「我不要這樣的小孩！」

這種時候真的會讓人覺得非常煎熬、悽慘，完全失去人生的希望。

父母並非真的不要自己的孩子。他們腦中也理解「育兒總是會有許多不順心的事」，但是孩子總是不聽話或完全違背自己的期待……這時「我不要這樣的小孩！」其實只是父母心中在吶喊「稍微體諒我的心情啊！」。

但是，終究是不能說出「不要」這種話的，對吧？

孩子晚上哭得太嚴重
有時就把他丟在客廳裡了⋯⋯對不起
嗚哇—
別再哭了

孩子最害怕的就是父母疏離自己，這會讓孩子逐漸看不見自己的價值。

自己說出口的話語，也會傳進自己的耳裡。據說因為這個緣故，人腦不擅長分辨哪些話是自己說出口的，哪些是別人說的。

也就是說，當說出「我不要你」這種話時，等於是同時對孩子與自己宣告「你對這個世界來說是不必要的」，反而會讓自己更加痛苦。

想要從痛苦中解放出來的話，不妨轉念一下，例如試著讓自己藉由育兒過程獲得成長如何呢？

當腦中不禁產生負面的想法，或是不慎將這些話說出口時，就向孩子道歉：「對不起，我其實很重視你。」治癒他的傷口，或是跟孩子說：「我很喜歡你喔。」傳達自己的真實心意。

說出口的話語也會逐漸滲入發話者的心靈，只要每天不斷說著療癒的話，相信父母肯定也能夠培養出為人父母或是身為一個人的自信。

換句話說！

「謝謝你出生成為我的孩子。」

13 「煩死了！」「很膩耶！」

孩子總是拿同一本書要父母唸是有原因的。

重要性 ★★★☆☆

無論讀了幾遍，孩子總是拿著同一本繪本說：「唸給我聽！」或是想不斷地反覆聽同一首歌……
好煩！好膩！誰來想想辦法！

✿孩子這麼堅持是有理由的！

我曾經因為女兒迷上一首童謠，連續好幾天都反覆唱1個小時，讓我打從心底感到厭煩。

就算先表明「最後3次囉」或是「不唱了！」，女兒仍會一次又一次地要求我「再唱1次！」（不理她的話就會一直哭鬧不肯睡覺）。

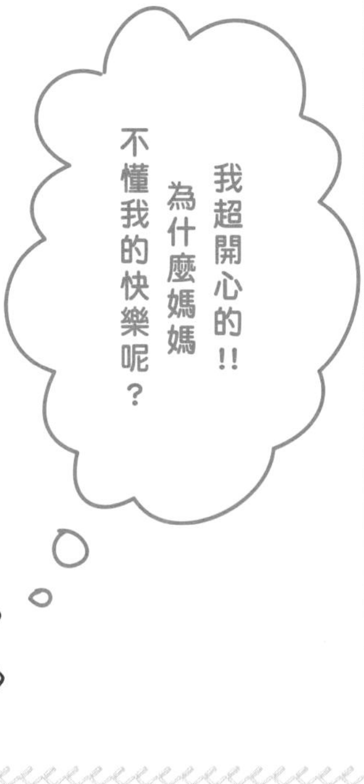

孩子為什麼這麼喜歡重複同一件事情呢？這其實是有原因的。

對於缺乏人生經驗的孩子來說，身邊充滿未知的事物會讓他們相當不安，因此只要接觸到「這個我知道！」的事物，他們的內心就會平靜許多。

等孩子逐漸具備思考能力後，他們也會開始出現求知慾，想用自己的方法探索「為什麼這個會這麼有趣呢？」。

此外，他人回應自己的要求，這種體驗同樣有助於提升自信。

因此雖然不斷重複同一件事很辛苦，我們仍應花點心思，在避免過度累積壓力的情況下盡量回應孩子的要求。

例如孩子不斷要求唸同一本繪本時，有時我們可以化身為角色演出來，有時可以邊讀邊觀察繪本的配色、排版的優劣等，這樣或許就能夠找到可應用在興趣、喜愛事物上的「某些要素」。

這麼說來，聽說字正腔圓的朗讀也有助於預防「法令紋」。

沒辦法從中找到樂趣時，也可以試著觀察吸引孩子的要素是什麼。

我家的孩子們現在都已經長大成人，談起這些很纏人的童年往事時，孩子總是笑著說「我不記得了」。雖然這讓父母的努力看似徒勞，但仔細想想卻不是白費工夫。

我認為談論這些回憶，也能夠讓孩子知道「我花了多少工夫把你養大（＝你擁有被愛的價值）」。

換句話說！

「最後3次囉。」

14 「吵死了！」

就算大人情緒爆炸，孩子也靜不下來。

重要性 ★★★☆☆

孩子在醫院候診室不斷吵鬧，最終大人忍不住大聲怒吼：「吵死了！」結果只會讓周遭的人覺得「爸媽還比較吵」。

✿多花點工夫讓孩子安靜下來。

孩子在公共場所吵鬧時，真的是很讓人傷腦筋。

但是單純罵出「吵死了」這種斥責方式卻不怎麼好，這只是大人在宣洩怒氣而已。當別人把情緒發洩在自己身上時，任誰都會下意識地反彈。

據說在對孩子下指示時，最好的方式就是具體說出希望他怎麼做。

所以我們可以將「吵死了」改成「安靜一點」。

事實上，事前和孩子做好溝通也能收到相當大的成效。

例如出門之前可以先和孩子預習外出禮儀：「我們接下來要去醫院喔，你知道醫院是什麼樣的地方嗎？」

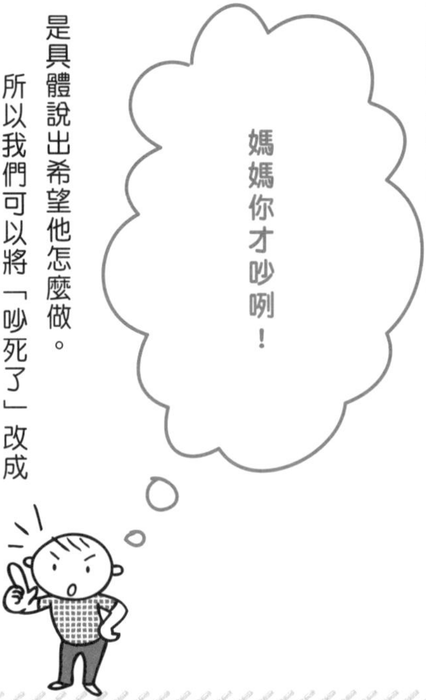

能夠安靜比較久，先說話的人就輸了。

除此之外，用童話般的說話方式也出乎意料地有效。

不喜歡孩子在房間裡跑跳時，只要告訴孩子「地板下面住著幸運精靈，你這樣會嚇跑他們喔」孩子就會放輕腳步。

有時也要用真心話和孩子溝通。「我希望其他人可以稱讚我們是『有禮貌的親子』所以今天請你安靜坐好」或許像這樣拜託孩子，收到的效果才是最好的。

對孩子來說，事前知道自己該怎麼表現才好，也會安心許多吧？

如果孩子到醫院後還是吵鬧，只要提醒孩子「這裡是什麼地方？」孩子就會瞬間醒悟安靜下來。

以我家來說，走到孩子身邊以悄悄話的方式輕聲跟孩子說「這麼小聲也聽得見喔」也能夠獲得不錯的效果。

另外也可以和孩子玩「沉默比賽」，看誰

換句話說！

「要安靜一點喔。」

「這麼小聲也聽得到喔。」

15 「別擋路」「讓開」

只要稍微改變用字，聽者的感受就大不同。

重要性 ★★☆☆☆

「你很擋路，讓開！」
對孩子這麼說時，
孩子指出：「這種說法好討厭！」
但是擋路就是擋路……
到底該怎麼表達才好呢？

✿說話時試著將主詞改成「我」吧。

相信也有人不太在意這種說法，但是我個人很在意「擋路」與「讓開」這兩個詞。

因為我認為平常就一直聽到「擋路」、「讓開」的孩子，或許會認為「自己對這個世界來說很礙眼」……。

但是雙手抱著要洗的衣服時，如果孩子占據了走廊，不讓開的話真的很傷腦筋，偏偏孩子又不主動讓開。那麼這時該怎麼說才好呢？

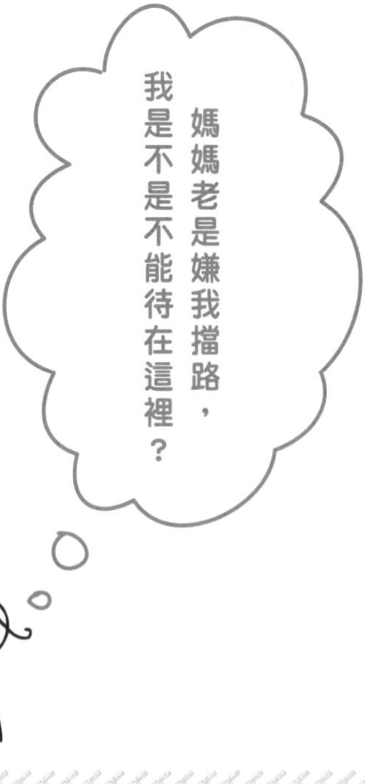

我查了與溝通相關的資料後，發現有事要拜託別人時，訣竅在於「不要指出對方的狀態」，而是要將話語的主詞改成「我」，表示「自己希望怎麼做」。

「擋路，讓開」的意思是「你擋到我的路了，請你讓開」對吧？這樣就變成主詞是「你」的命令語句了。

但是將主詞改成「我」，說出「請借我過」、「要是能讓我過就幫大忙了」等，就會變成拜託（請求）的說法。相信這種說法聽起來就舒服許多了吧。

以自己為主詞來傳達情緒、請求孩子協助的說話技巧，其實經常在和孩子的溝通中派上用場。

舉例來說，當身體不舒服正在休息，孩子卻纏著自己時，要是罵孩子「好吵，不要煩我」的話，孩子可能會覺得父母不愛自己而感到受傷。

但如果換個說法，向孩子說明「我覺得頭很痛，如果今天能安靜一點我會很高興」，孩子應該就會理解「原來如此……那就為了媽媽安靜一點吧」。

同樣的說話技巧也可以運用在大人間的對話中。例如老公連日加班時，與其抱怨他「偶爾也該早點回家吧！」不如採用「你不在家我好寂寞」的說法會更有效，不是嗎？

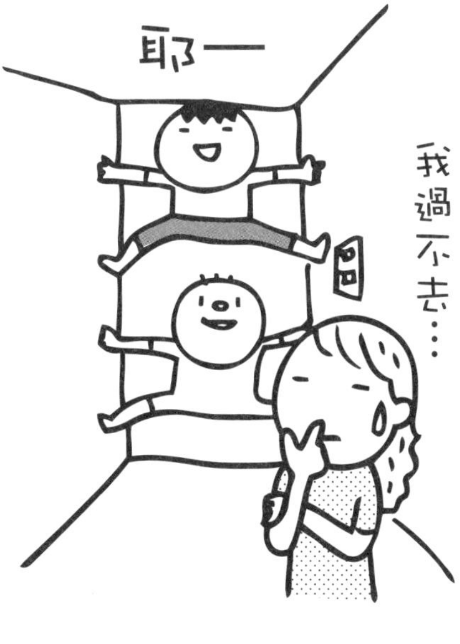

換句話說！

「能讓我走過去的話我會很高興喔。」

16 「反正就是這樣！」

用大人的常識打發孩子，會抹殺孩子的好奇心。

重要性 ★★★☆☆

孩子經常纏著父母詢問：
「為什麼？」「怎麼會這樣？」
父母嫌回答麻煩，
就拋出一句話打發孩子：
「反正就是這樣！」

✿回答不出來時就查查看吧。

很多大人覺得是理所當然的事情，對孩子來說卻充滿了疑問。「為什麼天空是藍色的？」「太陽為什麼這麼耀眼？」「人類為什麼會變老？」……我也曾經被孩子拋出的許多難題考倒過。

如果是自己不知道答案，或者是答案說明起來很麻煩的事情，就會讓人覺得很傷腦筋對吧？

所以沒心力回答孩子時，我們有時也會忍不住敷衍小孩「反正就是這樣！」。但我們之所以會對孩子單純的問題這麼煩躁，其實是因為覺得自己有義務回答的關係。察覺到自己希望認真面對孩子的真心後，在內心稱讚一下自己也無妨。

不過，我認為不用每次都認真回答孩子也沒關係。

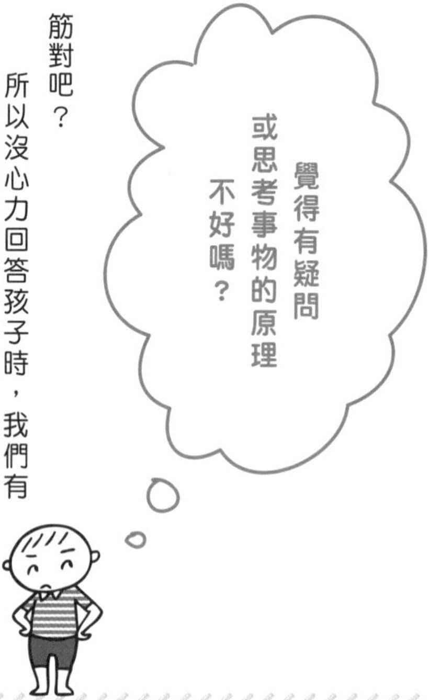

為什麼太陽這麼熱？
為什麼晚上會變暗？
為什麼會發出聲音？
為什麼空氣是透明的？
反正就是這樣，
你自己去查查看

有時候將回答的時間往後挪，跟孩子說「等你長大了就會知道了」，或是用「為什麼呢？」等話語模糊焦點也無所謂。

若是養成立刻獲得答案的習慣，孩子就會變成「只要問人就知道答案」的伸手牌，無法養成獨立思考的能力。

想要培養孩子的思考能力時，反問是很有效的方法。像是問他：「你覺得是為什麼呢？」「該怎麼做才好呢？」「你覺得要怎麼調整比較好？」

人類的頭腦具備接收問題後就會開始尋找答案的習性，所以我們可以利用這個習性鍛鍊孩子的思考能力。

等孩子長大到可以看懂字的年紀時，只要說「那我們一起查查看」然後找書或上網查資料就行了。

等孩子可以自行查資料之後，只要跟孩子說「我也不知道，你查到後再告訴我好嗎？」自然就能將孩子的好奇心引導至對學習的熱誠上了。

換句話說！

「你覺得為什麼呢？」
「我們一起查查吧。」

17 「我不聽藉口」

不讓孩子解釋的話，孩子就會逐漸失去主見。

重要性 ★★★★☆

斥責或提醒孩子的時候，
孩子一直說「但是」、「可是」，
頂嘴的態度讓人感到厭煩。
有沒有讓孩子坦率聽話
不再頂嘴的方法呢？

✿回嘴是成長的證明。

我也曾經對孩子說過好幾次：「我不想再聽你的藉口了！」

提醒或斥責孩子時，孩子總是頂嘴或辯解的行為，看起來一點也不可愛。

但是也有另一派的說法，認為「不會頂嘴的孩子更令人憂心」。

不願意解釋的孩子，很可能是已經放棄爭取他人聆聽自己的意見。就這樣長大成人的話，日後不管是在家裡、學校還是公司，都可能會缺乏自信，不敢表達自己的意見，只能附和別人。

我的意見
這麼不值得一聽嗎？
那我什麼都不想說了。

原來如此。原來頂嘴也是在培養自信，認為他人應該聽聽自己的意見呢！就算親子之間會因此稍有摩擦，但是在這種情況下長大的孩子，多半不需要擔心。

從樂觀的角度來看，這樣的孩子即使在

面對大人時，也能夠清楚說出自己的主張，而且也具有用自己的話語傳達的表達能力。

不管是什麼樣的人，如果對方不先接納自己的情緒時，就很難把對方的話語聽進耳裡。尤其孩子更是容易要求「先聽聽我的心情！」。

因此身為大人還是必須先退讓一步，採取「成熟的應對」。

這時的訣竅在於保持沉默。不要批判、否定孩子的話語，也不要感到憤怒，只要冷靜地聆聽，回答「嗯嗯，然後呢？」就好。

仔細傾聽的話，有時會發現孩子是有苦衷的，或是背後也有令人恍然大悟的理由。

光是長輩願意傾聽自己的理由，孩子就能夠感受到被接納而逐漸冷靜。

我認為孩子冷靜下來後，就等於做好聽他人話語的準備了。

換句話說！

「發生什麼事了？」
「告訴我原因吧。」

然後小柚他…
所以…結果…
於是…然後…
已經講20分鐘了…
好啦好啦

18

「給我說清楚！」

內向、文靜的孩子被逼問時容易失去自信。

重要性 ★★★☆☆

孩子個性畏縮內向。
扭扭捏捏的模樣令人煩躁，
讓父母不禁斥責：
「你到底想說什麼？
給我說清楚！」

✿溫柔傾聽孩子的話語吧。

我家二女兒也是「話說不清楚的孩子」，她很不擅長對他人表達自己的意見，學校也總是給予「不知道在想什麼」的評語。

由於女兒的個性實在太過扭捏，讓我也曾不小心說出「給我說清楚一點！」，結果讓女兒更加沉默了。

若是對孩子施加「不說清楚不行」的壓力，就算對方是雙親或兄弟姊妹，孩子也會緊張到沒辦法正常說話。

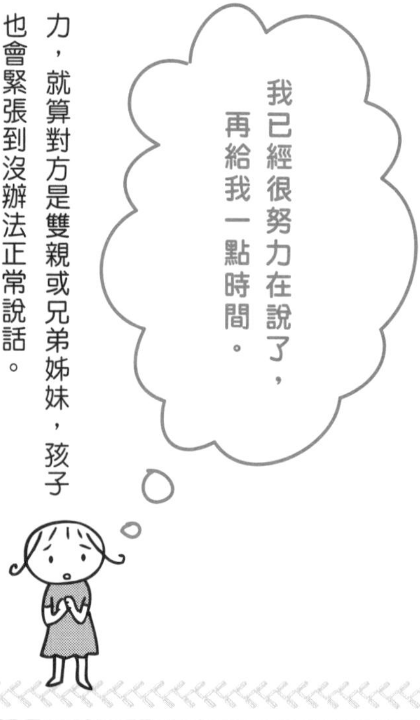

生性內向的孩子很容易會因此失去自信心，所以和他們對話時，必須想辦法打造輕鬆溫柔的氣氛。

具體來說，就是不要打斷孩子的話、不要先下結論、看著孩子的眼睛附和他、不要批評孩子所說的內容……比起孩子有沒有在聽這個事實，更重要的是讓孩子感受到「父

母的認真應對」。

像這樣邊聆聽邊釋放「說出來沒關係」的訊號，往往會發現孩子正在思考很有趣的事情。

雙親對「無法把話說清楚的孩子」感到煩躁時，或許是因為雙方即使是親子，仍然「個性不合」的關係。

舉例來說，媽媽的個性乾脆俐落、大方外向，孩子卻凡事都慢吞吞而且比較內向的話……媽媽多半會急得開始逼問孩子「快點說！」、「給我說清楚！」。

相反的，如果媽媽的個性比較溫吞，孩子卻是做事急躁的個性，可能會反過來斥責孩子「冷靜一點」、「安靜」。

很在意孩子的行為模式，可能代表親子之間的個性差異太大……只要建立起這樣的觀念，就可以減少不必要的煩躁喔。

換句話說！

「我很想聽，告訴我嘛！」

「這樣啊，原來是○○。」

（複誦孩子的話語）

本章總結

「妳當媽媽當得很好喔！」試著對自己表達肯定！

除了內文提到的語句之外，各位是否還向孩子說過這些話呢？……太礙眼了、真羨慕你們小孩、哪邊涼快哪邊閃、不要插嘴、不要就滾出去、閉嘴……對孩子說這些嫌棄孩子的話語，會讓孩子失去歸屬感，無論身在何處都感到不安，總是戰戰兢兢看別人的臉色。

我認為媽媽會覺得孩子礙事，通常是因為覺得自己的情緒、時間與空間都被孩子占據的關係。

這或許是因為媽媽「力不從心」的緣故。

若是媽媽的心靈能更「從容」一點，我想要對孩子表示「你在這裡無妨」應該不難。

「妳當媽媽當得很好喔！」想要讓心靈從容一點，第一步就是試著肯定自己。畢竟很多事情不管生不生氣，其實結果都差不多。

第3章

「我想挑戰！」的幹勁有助於打造孩子的自信。

不要潑冷水打擊孩子的信心

19 「我不是說過了嗎！」

經常因為失敗被罵的話，會漸漸失去獨立思考的能力。

重要性 ★★★★☆

即使父母事前提醒了，
孩子還是會失敗。
讓父母不禁斥責：
「我都已經提醒過你那麼多次了。」
「我不是說過了嗎！」

失敗中有許多值得學習的事物。

例如孩子跌倒的時候，會不禁唸「早就叫你不要用跑的了！」，早上睡過頭的時候，也會唸「昨晚就叫你早點睡！」。

我不知道自己對孩子說過多少次「我不是說過了嗎！」。

但是有一次，當我聽到丈夫對跌倒哭泣的女兒說「我不是說過了嗎！」卻覺得好心疼女兒。

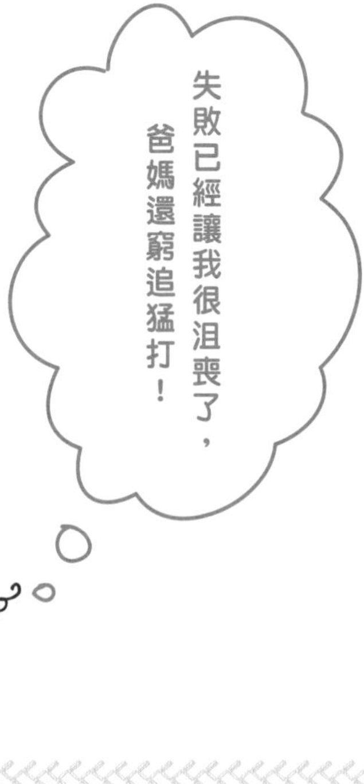

跌倒後都痛到在哭了……孩子明明因為自己失敗了而受到驚嚇，我們卻用言語窮追猛打，對她來說簡直是「雪上加霜」。於是我不顧自己平常的言行罵了丈夫：「她已經很可憐了，快點安慰她啦！」

失敗沮喪的時候，聽到他人說「我不是說過了嗎」，就會忍不住想反駁「不必你說，我自己也會想辦法避免下次失敗」。

沒錯，無論是大人還是小孩，無須旁人特地指責也會自己開始思考「下次該怎麼做才好？」並從失敗中學習。

聽到「我不是說過了嗎！」之後，孩子好不容易從失敗中學到的東西就會飛走，只剩下「照媽媽說的去做就好了」的想法，日後孩子就不會用自己的腦袋思考該怎麼做才不會失敗了。

某位母親曾告訴過我：「孩子失敗的時候，正是我們為孩子示範如何體貼他人的好機會。」

為了避免孩子在朋友失敗的時候，說出「看吧」、「我不是說過了嗎」、「活該」這類冷言冷語，我們身為父母應該親自示範體貼他人的方法。

這時只要默默從旁守護，或是體諒他的感受，說聲「跌倒很痛吧」就可以了。

換句話說！

「很痛吧？」
「有沒有受傷？」

20 「不要讓我說那麼多次！」

相同模式的話語不斷反覆，只會變成耳邊風。

重要性 ★★★☆☆

每天反覆提醒同一件事情，
孩子卻完全沒在聽，
讓父母不禁斥責：
「不要讓我說那麼多次！」

✩稍微改變做法看看吧。

無論大人提醒多少次，只要用詞的模式相同，就很容易淪為孩子的耳邊風。於是媽媽就會更加嘮叨，孩子又馬上習慣媽媽的叨唸……像這樣進入永無止盡的惡性循環。

如此一來，孩子不僅不會做出父母期望的行動，還只會留下這樣的印象：「媽媽好囉嗦，而我也很沒用，不管媽媽唸幾次我都做不好。」

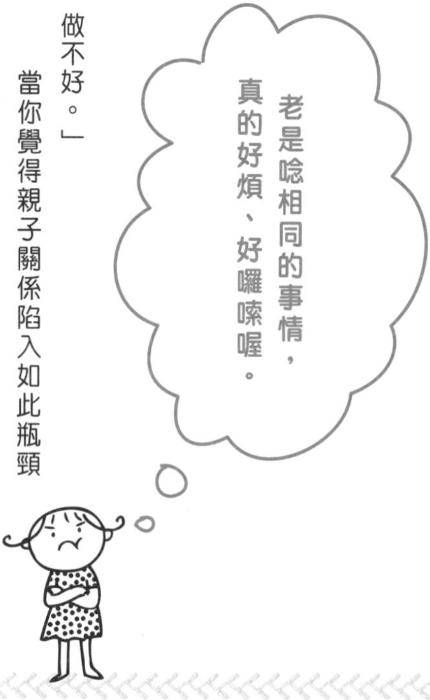

當你覺得親子關係陷入如此瓶頸時，我建議找孩子促膝長談一下。

我相信如果可以的話，孩子應該也「不想被唸」。

「我們一起想想看，該怎麼做才能夠和樂融融好嗎？」只要冷靜地如此表態，孩子或許也會想出適合自己的方式。

在無論怎麼被唸也不照做的孩子當中，

有些孩子其實是不擅長處理耳朵所接收到的資訊。

所以要不要試著寫成文字或畫圖貼出來看看呢？如此一來就不用一一碎唸，也有助於減輕媽媽的壓力。

當然在孩子完成時也要讚美：「做好了嗎？真棒！」或是表達感謝：「你把鞋子擺整齊了嗎？幫了我大忙呢！」

有位媽媽曾經這麼說過：「不說好幾次就做不到的事情要獨立看待。」據說她不會發怒或是斥責孩子，而是心想「或許以尋常的語氣有耐心地提醒幾次後，有一天孩子就會記住了」。

沒錯，有時大人也必須獨立看待某些事情，或是放棄某些事情。

人內心的能量有限，將貴重的能量浪費在煩躁或是焦慮上的話，就沒有多餘的能量可以用在育兒時真正重要的事情上了，像是傾聽孩子的聲音、露出笑容等。

換句話說！

「請你做〇〇喔。」
（完成時）「好棒喔！謝謝你。」

21 「為什麼都不聽話呢？」

孩子不聽話或許是因為父母的「表達方式」有問題？

重要性 ★★★★☆

提醒了好幾次，兒子毫不理會
繼續重複相同的行為。
實在是太可恨了，
讓我忍不住大聲罵出：
「為什麼都不聽話呢？」

✿ 避免用提問方式的提醒法。

快要遲到了、房間亂七八糟……這種時候若是提醒孩子，孩子完全無視的話，父母就會覺得很煩躁對吧？

話說回來，父母希望孩子照自己的指示行動時，通常是依自己的步調，而不是在孩子想動的時候下指示對吧？至少我家就是這種情況。

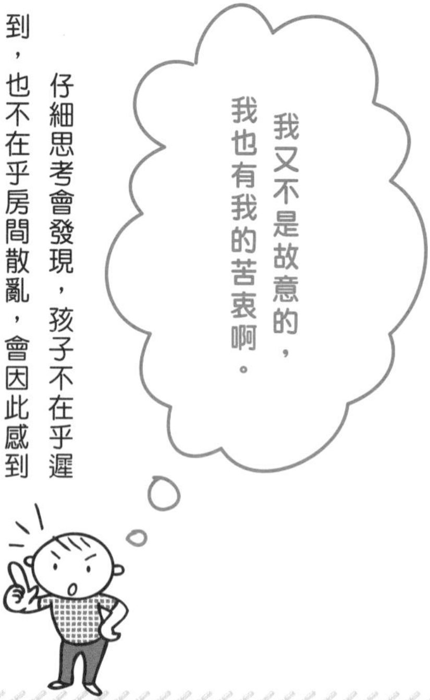

仔細思考會發現，孩子不在乎遲到，也不在乎房間散亂，會因此感到傷腦筋的只有父母而已。

所以請在理解這個狀況的前提下，稍微改變一下遣詞用字如何？

據說用疑問句來斥責孩子的話，孩子會沒辦法直接理解意思。

「為什麼都不聽話呢？」這時候父母真

正想說的是：「請你聽話！」

「快點收拾房間」這種表達方式對孩子來說，其實也太過抽象不好理解。

「請把玩具都放回玩具箱裡面」試著像這樣做出具體的指示如何呢？若是這麼說孩子還是無法理解，就搭配像是繼續玩遊戲的用詞，例如「讓所有玩偶都回家睡覺囉」、「請將電車開回車庫囉」，如此一來就有機會看見孩子乾脆地行動。

當孩子乖乖聽話時，父母也別忘了要表達感謝：「謝謝你，收拾得真乾淨，我好開心！」孩子感受到被稱讚的喜悅後，下次也會更願意聽從父母的指示。

此外在向孩子搭話時，最好先觀察孩子的狀況。

孩子正在做某件事情的話，就不要讓孩子立刻去做，而是採用預告的方式，跟他說「這件事情完成後就去〇〇吧」之類。

畢竟孩子也很難一下子轉換心情去做其他事。

換句話說！

「請去執行〇〇吧。」

「謝謝你，我好開心！」

22

「你在搞什麼！」

下意識斥責孩子的壞習慣，會讓孩子喪失自信。

重要性 ★★★★☆

這樣會跌倒、會掉下去、很危險……
不知為何，每次這樣叮嚀孩子時，
孩子就肯定會發生預期的狀況，
讓人不禁想罵：
「你在搞什麼！」

✿矯正自己下意識責備的壞習慣。

孩子每天不斷惡作劇或是失敗，難免會讓人一把火上來，忍不住罵道：「你在搞什麼！」

但是在完全不聽辯解的情況下，突然拋出一句「你在搞什麼！」只會讓孩子畏縮，導致沒辦法培育出自信。

我不認為情緒化的指責完全不對。發現孩子做出會危及生命的惡作劇時，這種飽含情緒的斥責反而會更有用。

但是其他場合就要稍微留意了。因為一時的情緒斥責孩子時，罵人的那方也會愈加認為「孩子做錯事情了」，接著進而演變成「我阻止不了孩子做錯事」，讓父母也喪失自信。

為了避免這種狀況，請抑制自己想開口責罵的情緒，盡量先聽聽孩子怎麼說。

孩子將熱茶倒進魚缸或許是基於貼心，認為「我擔心金魚會冷」；打妹妹或許是為了阻止妹妹繼續玩剪刀也說不定。

有時看起來很不得了的惡作劇，背後可能也是有原因的。

當火氣上來快要攻擊孩子的人格時……我試過最有助於壓下火氣的話，就是「竟然是這樣」。

人在得知事實的時候不會立即發怒，因此這句話能夠在怒氣爆發前，拉出一瞬間的空隙。在這一瞬間放入不具攻擊性的平淡言詞，就不會將怒火直接宣洩在孩子身上。

我認為這是相當萬用的語句，無論多麼震驚都能夠引導自己先接受，這時再說一句「剛好可以機會教育」，就能夠逐漸從不同角度看待孩子所做的事，有時甚至能夠看見孩子「好的一面」，相當奇妙。

換句話說！

「竟然是這樣。」
「……剛好可以機會教育。」

23 「不要磨磨蹭蹭！」

習慣父母的指示後，就會成為只會仰賴指示的人。

重要性 ★★★☆☆

我家孩子是個慢郎中，
做什麼事情都慢吞吞的，
讓人不禁以嚴厲的口氣斥責：
「不要磨磨蹭蹭！」
但是每天都這樣很不好吧？

✿ 換個說詞以提升孩子的速度。

孩子慢吞吞整理儀容的時候，大人很容易不小心說出「不要磨磨蹭蹭」、「快點」等話語對吧？

如果孩子的速度一直無法提升，要不要試著稍微改變一下做法呢？

我家曾在孩子年幼時，試過把要做的事當成遊戲，這個方法相當有效。

例如，將「快點換衣服」改成「和媽媽比賽換衣服吧」以激起孩子的競爭心理；將「快點睡覺」改成「我們裝睡嚇爸爸一跳吧」以刺激孩子的惡作劇欲望（我們也曾玩過「看誰先到家」的比賽，但是千萬不可以在馬路或停車場這麼做，很危險）。

孩子看懂時鐘之後，也可以試著讓孩子自己決定幾點幾分之前要做什麼事情。

別擔心啦～
40分了喔
30分了喔
50分了喔——
我是鴿子時鐘嗎!!

這時候也可以按照孩子的規劃製作行程表，貼在明顯的地方。

孩子沒辦法遵照行程表做事情時，也不要用出言指示或是開口責備的說法。

舉例來說，將「快點起床」改成對時間的提醒：「〇點了喔」；將「再磨磨蹭蹭會遲到」改成「你今天打算幾點出門？」。讓孩子自己判斷再自己採取行動，有助於提升孩子的生活經驗並培養出自信。

話說回來，大人總是覺得被時間追著跑也可能是內心缺乏餘裕的關係。

以紅綠燈為例，看到燈號快變時只要停下來靜待下一次綠燈即可，但是內心缺乏餘裕的時候，就算不趕時間也會邁步跑起來。

所以大人偶爾也應該重新審視自己的生活，想想「有必要著急嗎？」，並告訴自己「不急、不急」。

換句話說！

「來比賽換衣服吧。」

「你打算幾點出門？」

「不急、不急。」

24 「要當個好孩子」

試著重新思考「好孩子」是怎樣的孩子？

重要性 ★★★☆☆

孩子在電車上吵吵鬧鬧、走來走去，碰到認識的人也不會打招呼。即使跟孩子說「要當個好孩子」也沒有任何效果。該怎麼辦才好？

✿具體指出希望孩子做出的行動。

我們在教育孩子的時候，經常會說「要當個好孩子」對吧？

但是什麼樣的孩子是好孩子呢？

玩耍時很有精神的就是好孩子，在教室時能夠安靜坐好的就是好孩子，遇到鄰居時會面帶笑容打招呼的就是好孩子。

也就是說，能夠依照狀況做出相應的行為，不造成大人的困擾，對大人來說「很配合自己的孩子」就是「好孩子」對吧？

如果孩子的個性如此，我想育兒應該會變得很輕鬆吧？但是大部分的孩子肯定都不是這樣。

事實上「好孩子」這個字，對孩子來說似乎很難理解。

從孩子的角度來看，也會因為想回應大

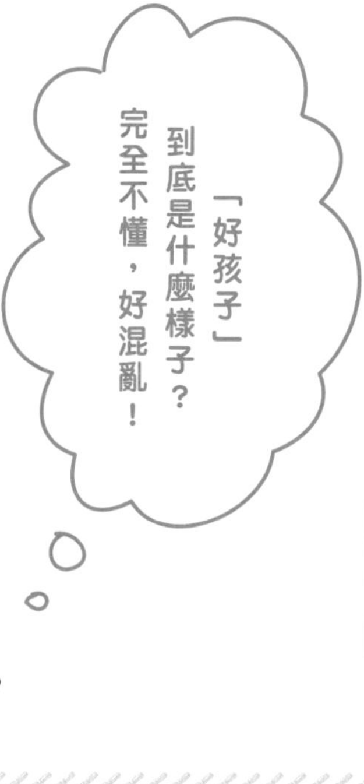

大家在塞滿人的電車上都是戰鬥模式喔!!
要安靜！
咿

人的期待，而下定決心「要當個好孩子」對吧？但是不明白什麼是「好孩子」，卻頂著「必須當個好孩子」的壓力……持續接收這種壓力的話，孩子長大成人後就會變成整天看人臉色、缺乏自信的大人。

那麼該怎麼做才好呢？

大人可以試著當場具體地告訴孩子自己期望的行為。

舉例來說像是「在椅子上坐好」、「向其他人打招呼」等，一一告訴孩子自己的期望，孩子就能依狀況做出相應的行動。

不斷累積順利執行大人指示的經驗後，孩子就會漸漸學會在什麼場合該如何表現。

此外也很推薦問問孩子「你覺得這裡是什麼樣的場所？」、「你覺得在這裡該怎麼做比較好？」的做法。

「這裡是圖書館，所以必須安安靜靜讀書」、「這裡是醫院，所以不能奔跑」等等，讓孩子像這樣具體理解適合各個場所的行為後，久而久之孩子就會主動遵守。

孩子不明白的時候，也可以引導孩子觀察現場的狀況：「你看看其他人。」

孩子會從大人的行為學習各種禮儀，所以身為父母也要多加留意。

換句話說！

「把手放在大腿上，安靜別說話。」

25

「你會被那個人罵喔！」

對孩子來說父母不願意直接指正自己，等於是宣告放棄自己。

重要性 ★★★★☆

外出時為了讓孩子乖一點，
有時會警告孩子：
「你會被店家罵喔！」
「你會被老師罵喔」
但是卻完全沒有效果。

✿身為父母該罵的時候就要罵。

孩子在電車中吵鬧的時候，有些媽媽會說「這樣會被司機罵喔，安靜一點」，但是孩子別說安靜了，反而還變得更吵，惹來其他乘客的白眼……最後只好母子趕快下車。

為什麼孩子安靜不下來呢？我認為或許是孩子從媽媽的言詞中，感受到「我不會罵你」的意思。

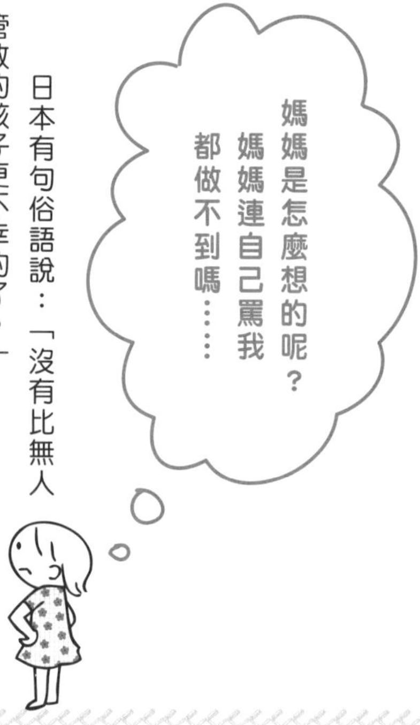
媽媽是怎麼想的呢？
媽媽連自己罵我
都做不到嗎……

日本有句俗語說：「沒有比無人管教的孩子更不幸的了。」

父母不斥責自己，代表「我不在乎你長成什麼樣子」。對孩子來說簡直就像是宣告自己被放棄了一樣。

做錯事情的時候，為自己著想的父母認真管教斥責，這個事實也是孩子培養出自信的重要基礎。

不小心說出「會被其他人罵喔」這種話的媽媽，或許是擔心責罵孩子後自己會被孩子討厭。

要是媽媽認為「不一直溫柔地維持笑臉就會不受孩子喜愛」的話，可能就會想讓其他人扮黑臉。

但是光靠「其他某個很可怕的人」來斥責孩子，會造成日後無論媽媽說了什麼，孩子都不會認真聽的後果。因為孩子認為可怕的是「其他某個很可怕的人」而不是媽媽，所以容易不將媽媽的警告放在眼裡。

只有媽媽無論怎麼扮黑臉，對孩子來說都是無法替代的存在，所以我認為各位可以放心地管教小孩。

「不可以吵鬧喔～」如果像這樣只是輕描淡寫地提醒孩子，孩子不會意識到事情的重要性。

所以提醒孩子的時候，必須壓低身體與孩子四目相交，以堅定的聲音簡短地告訴孩子「不可以」。

只要大人的態度夠認真，孩子肯定會聽進去的。

換句話說！

「不可以。」

「安靜點。」

26 「跟○○比起來……」

比較後會成長的只有競爭心與自卑感而已。

重要性 ★★★★☆

真羨慕其他家優秀的孩子！
自己的孩子太過平庸，
讓人不禁說出
「跟○○比起來……」
這種話。

✿ 用加分主義守護孩子。

任誰都知道「不應該拿別人的孩子和自家孩子比較」。但是做父母的，難免會在意住在附近的同學、孩子的表兄弟姊妹等同年紀的孩子。

愈是要求自己「別在意」就愈在意是人之常情，如果只是在內心悄悄比較的話，我認為允許自己這麼做也無妨。

會有問題的是愈來愈在意，三不五時就想比較的狀態。比自家孩子優秀、運動神經更好、更會念書、長得更好看的孩子，在這世上要多少有多少，根本比較不完。這麼做不僅無助於培養孩子的自信，對家長的心理健康也不好。

本來其他孩子的成敗就與自家孩子的成長與能力無關。

儘管如此，仍然不斷想著「啊——好羨

你表現得比
1年級時
更好耶!!
你以自己的步調
成長了呢♪

慕」、「我們家孩子還差得遠」，或許是因為家長都用扣分主義的心態在看待孩子吧。

所謂的扣分主義，就是指容易著眼於孩子不足的地方，滿腦子都是「我家孩子這個也不行，那個也不行」，然後就會忍不住說出「你再更○○的話就好了」、「跟○○比起來……」。

要比較的話，應該不是與他人比較，而是和孩子自己過往的表現做比較。

只要專注於自家孩子的成長與能力，就算哪天和其他孩子比較了，也能接受那是其他孩子的特質。

不論是別人的孩子或自己的孩子，若是家長能夠用寬廣的心胸守護孩子成長，想著「每個孩子都不一樣，每個孩子都很好」，心情會有多麼平和呢？雖然這相當困難。

換句話說！

「你表現得比以前好耶。」

27 「弟弟就辦得到」

和兄弟姊妹比較，會讓孩子更容易自卑。

重要性 ★★★☆☆

弟弟很聰明一點就通，
但哥哥不知為何都教不會。
雖然不想比較兄弟倆，
但還是忍不住煩躁地說
「弟弟就辦得到」。

✿請分別看待每個孩子。

拿兄弟姊妹互相比較，對孩子也會產生不好的影響。

將孩子簡單扼要地分類成「好孩子／壞孩子」、「優秀／劣等」的話，被視為劣等的孩子就會變得自卑，甚至被稱讚優秀的孩子也會看不起沒有被稱讚的孩子。

比較對象是他人的話，總有一天會和對方分開，但因為是兄弟姊妹，這種關係會一直延續下去。

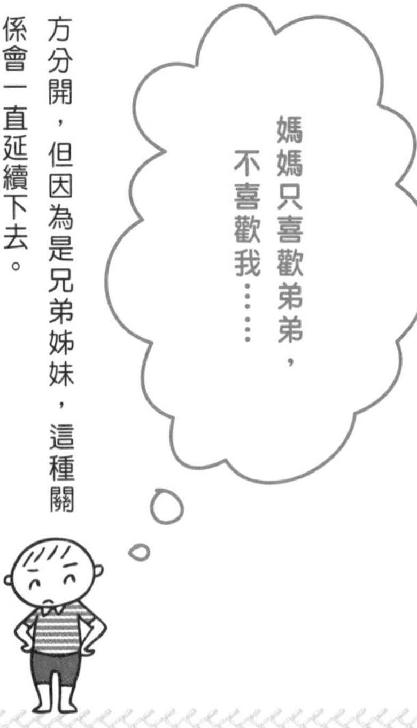

如此一來，總是被視為劣等的孩子就無法培養出自信。就連被視為優秀的孩子，也會變得必須與他人比較才能保有這種脆弱的自信。

所以教育孩子時，應該盡量避免將兄弟姊妹做比較。

但是無論父母多麼注意，我認為要完全

平等地對待每一個孩子，是不可能的事情。

畢竟第一個孩子是在父母的摸索嘗試中教育出來的，第二個孩子則可以沿用前面的經驗，不僅父母對待兩個孩子時的育兒技巧與年齡不同，孩子們的個性也不相同。

孩子往往對不公平很敏感，有兄弟姊妹的話，無論是誰多少都有覺得「父母偏心」的經驗。

大多數的孩子在長大後漸漸了解父母的狀況，就會明白「父母也是很努力在養育自己了」，但是也有些人會一直帶著忿忿不平的感受長大成人。

為了避免演變成這種情況，建議各位偶爾也要讓孩子與兄弟姊妹分開，讓每個孩子都能夠與最喜歡的爸爸、媽媽有一對一的獨占時間。

以我家來說，我就會特地製造與各個孩子單獨約會的時間，兩個人到家庭餐廳吃杯聖代、看場電影，盡量傾聽孩子的需求。

打造出「兩人獨處的時間」，就能夠挖掘出孩子與其他兄弟姊妹在一起時看不見的特色，相信孩子也會感受到「媽媽有認真看待我」、「我確實被爸爸愛著」等。

換句話說！

「明天我們兩個一起去約會一下吧！」

28 「連這種題目也不會做？」

愈是責備孩子做不到的事，孩子就會愈討厭學習。

重要性 ★★★★☆

除了作業外，我每天還花2~3小時陪孩子讀書，孩子的成績卻完全沒提升，讓我不禁怒吼：「連這種題目也不會做？」

☆說話時要避免讓孩子討厭學習。

指導孩子功課是件很困難的事對吧。

根據我打聽到的消息，就連資深教師也很容易教自家孩子教到火大，指導起來相當困難。

我家的三女兒特別不擅長算數，讓我說了好幾次「為什麼搞不懂這個？」、「剛才不是教過妳了嗎？」。

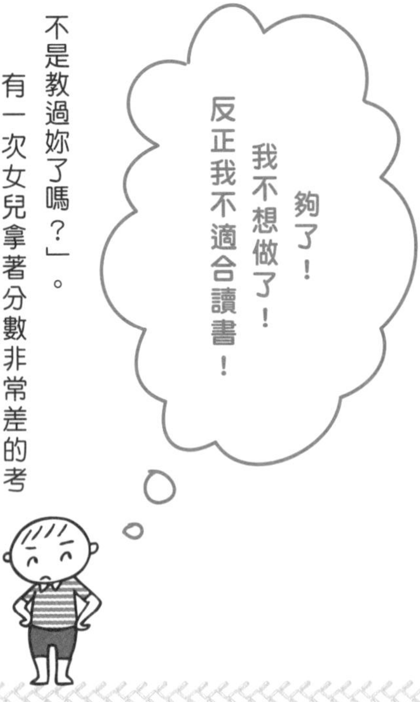

有一次女兒拿著分數非常差的考卷給我，說：

「妳不要生氣喔，雖然我完全不會寫，但我一直乖乖坐著，所以老師希望媽媽可以稱讚我。」

在問題全部都看不懂的考卷前面靜靜坐著，是件很辛苦的事情吧。

一旦在孩子內心埋下「學習很討厭」的

種子，日後要再挖除是很困難的。

最重要的第一步不是讓孩子喜歡學習，而是避免讓孩子討厭學習。

無論孩子的成績多麼差，不，應該說成

答案是
織田信長！
好，說說看吧！
我5秒鐘前才說過不是嗎！
呃？呃？呃？

績愈差，父母愈不能生氣，應該要站在孩子這一邊稱讚孩子。

孩子本人最清楚自己沒有做好了。在學校不受肯定，回家後還被罵的話，不僅會讓孩子討厭讀書，孩子還可能因為「自己辦不到」而失去信心，就這樣懷抱自卑感長大。

孩子的成績真的差到沒得稱讚時，也可以從其他方面想辦法找出值得讚賞的地方，例如「字寫得很漂亮」、「答案寫得很仔細」等。

另外也可以拿2學年以下的試卷給孩子寫寫看，藉由「成功答題」提升孩子的自信（不過孩子也是有自尊的，所以或許藏起學年的部分比較好）。

只要孩子坐在書桌前就立刻稱讚他。總之要讓孩子的學習環境充滿稱讚，只要多稱讚，孩子就能夠依自己的步調成長。我家三女兒也是因為這樣，總算提升至不必擔心的成績了。

換句話說！

「你寫得很仔細耶。」

「好棒喔！」

29 「別再做那些無聊事了」

是否隨意將孩子沉迷的事物視為「無聊事」了呢？

重要性 ★★★☆☆

孩子總是玩著無聊的哏，或是開發新的「鬼臉」，讓人一天得說上好幾次：「別再做那些無聊事了！」

孩子沉迷的事物是有價值的。

孩子時常會沉迷於大人眼中的「無聊小事」。

例如「遊戲破關了！」、「蒐集了100顆橡果！」、「想出了新的哏！」……看在大人眼裡，全都是一些沒什麼用的事情。

事實真是如此嗎？大人總是想避開沒意義的事或是麻煩的事，只考慮勞力、成果與結果等，往往只想要有效率地將勞力全都用在「有努力價值的事物」上。

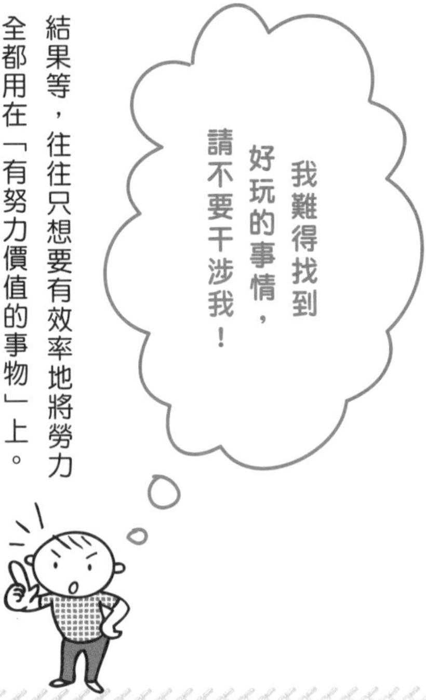

但是孩子不同。或許對孩子來說，「樂趣」也是「有努力價值的事物」吧？

有人認為孩子會產生興趣的每一件事情都是有原因的，也有人認為孩子只是因為有趣才做這些事。

不管是哪一種，據說孩提時代有大量時間能夠沉迷在喜愛事物上的孩子，長大後也

能夠專注於特定事物上並努力完成。

所以身為父母應該要盡量避免說出「別再做那些無聊事了」比較好。

我曾經看過一份調查結果，發現大約有一半的小學生認為「自己將時間浪費在打電動、看電視或看漫畫等」。

如果孩子已經無法從中獲得樂趣，同時也無法對智育有所幫助，單純是在浪費時間的話，大人不妨提醒孩子，為孩子打造脫離這些事物的契機。

但是這時否定孩子的現狀，只會招致反彈，所以請避免說出「漫畫這種東西」、「又在打電動了」、「別再做那些無聊事了」這類的話語。

將孩子可能會感興趣的事物若無其事地給他看，提出「試試這個如何？」、「來幫忙一下」等，我認為應該是個不錯的做法。

換句話說！

「你玩得很開心呢。」

「……」

（面帶笑容溫暖地守護）

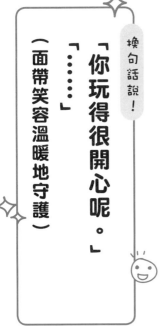

30 「不要再拖拖拉拉了」

一直催促孩子可能會剝奪孩子成長的機會。

重要性 ★★★☆☆

忙碌的早晨時間有限，
孩子卻依然故我，
悠悠哉哉地打理自己。
讓人不禁大聲提醒：
「不要再拖拖拉拉了！」

✿靜待孩子完成。

在快要遲到的早晨之類，大人趕時間的時候，特別容易覺得孩子的動作拖拖拉拉的對吧？

我也曾經煩躁到不小心說出：「不要再拖拖拉拉了！」但是說出口後反而更加火大，孩子也會哭出來，所以不說反而還比較好。

話雖如此，但如果大人總是說「我幫你做」，替孩子完成各種事情的話，孩子不管長到多大都會無法自己完成事情，也難以培養孩子獨立自主。

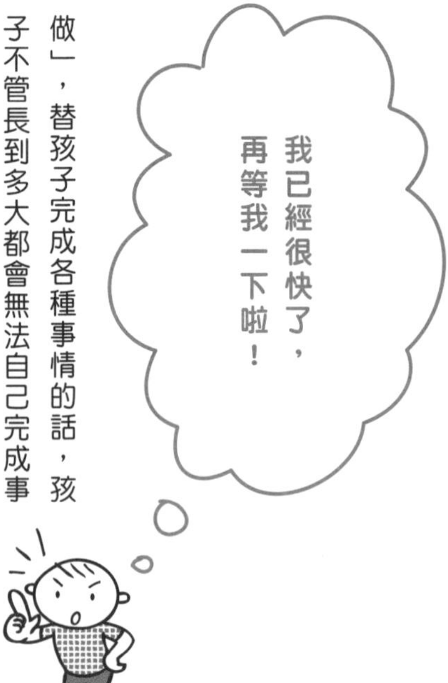

我們之所以覺得孩子動作慢吞吞的，或許是因為用大人的標準在看事情所致。

只要告訴自己大人與小孩是不同的，心情就會輕鬆一點。

換衣服對大人來說輕而易舉，轉眼間就

能穿好襪子、綁好鞋帶。但這是因為我們是大人。

孩子動作會慢，是因為他們是孩子。

不是每個孩子都已經學會靈活地運用手指，或是能夠迅速更衣，所以慢吞吞可能是他們還在練習的關係。

孩子運動神經的發育，似乎比大人以為的還要花時間。

孩子只要依自己的步調慢慢活動手指，手指就會逐漸變得靈活。拖拖拉拉的行為，其實也證明他們正在努力練習運用手指。

因此與其說「別再拖拖拉拉了」、「快一點」等催促孩子，不如讓孩子多花點時間完成，才有助於成長。

此外大人也可以試著逆向思考，有時跟孩子說「慢慢來」，孩子反而意外地能在短時間內順利完成。

「慢慢來」這句話不但能讓父母更有耐心地等待，還能夠讓孩子在執行時不會太過著急。

換句話說！

「慢慢來吧。」

31 「因為你做什麼都不行」

專注於孩子做不好的地方，會讓孩子變得愈來愈沒用。

重要性 ★★★★☆

孩子做某件事失敗時
會悔恨得不得了。
「因為你做什麼都不行」
這句話更會傷害孩子的心靈。

✿找出孩子的優點吧！

身為父母，在看到孩子失敗時，會想好好鼓勵孩子以培養他的自信對吧？

但是正因為是父母，反而更難辦到。我們也明白孩子自己才是最沮喪的，但是仍難免感到失望。

這是「希望孩子成功」的父母心態所導致，這種心態也可能轉變為「身為父母明明希望孩子成功卻幫不上忙，太悔恨了」的心情，嚴重的話甚至會變成矛盾的埋怨：「我這麼希望你成功，你卻沒有成功，真是個壞孩子。」

結果不小心就脫口說出「反正你做什麼都不行……」這種傷害孩子的話語。正因為對孩子有愛與期待，才會產生這種鬧脾氣似的話語與心情，非常複雜。

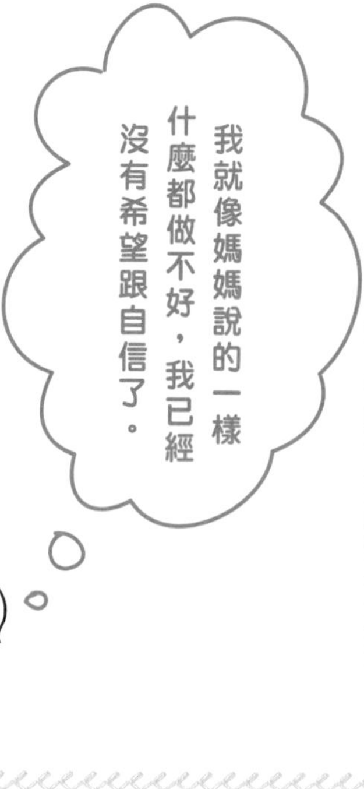
我就像媽媽說的一樣什麼都做不好，我已經沒有希望跟自信了。

聽到父母表示「反正你什麼都做不好」

時，孩子會覺得自己的存在遭到否定，最終失去自信。

任誰在反覆失敗後都會感到沮喪失望，認為「我什麼都做不好」。

在面臨這種心靈上的危機時，能夠心想「才不是這樣，你沒問題的」，重新振作起來繼續相信自己，也是基於「自信」與「自我肯定感」。

無論是什麼樣的孩子，都不可能「什麼都做不好」。

每個孩子一定都有優點，我認為只要找到那個優點並加以肯定即可。

如此一來，相信孩子也會努力想加強自己的優點吧。

換句話說！

「再接再厲！」

「你可以的，再慢慢嘗試看看。」

本章總結

孩子每天都在成長。試著從各個角度觀察孩子吧！

孩子本來就具備「想挑戰各種事物」的欲望，就算大人不想辦法「提升孩子的幹勁」，孩子也充滿了幹勁。

所以大人只要注意，避免破壞孩子的興趣、熱情與幹勁即可。

但是身為父母，我們很難忽視孩子不好的一面，結果總是不小心就嘮叨了許多……。

這時不妨試著換個角度思考吧？

所有事物都有正面與反面，所以大人既然找得到孩子的缺點，自然也有辦法找到孩子的優點。不如該說，說不定你已經找到了。

只是不小心從反方向看待了而已。

萬物的呈現，取決於我們看待的目光。有時候也可以從樂觀的角度去解釋，試著肯定孩子。

第4章

「我辦得到！」的成就感能夠確立孩子的自信。

不要打擊孩子的自信

32「但是沒有100分吧？」

太過在意眼前的成績，就會導致孩子失去鬥志。

重要性 ★★★☆☆

「媽媽妳看！」
孩子考了90分，成績是不錯，
但是應該可以更好才對。
說了「但是沒有100分吧」之後
孩子就鬧脾氣了。

成績與自信都會在稱讚下成長。

孩子的考卷發下來了，做父母的都會在意成績吧？

我也曾經很在意我家孩子的成績，尤其是低年級的時候更會擔心：「這麼簡單還考不到100分，真的沒問題嗎？」

其實沒問題的。根據我認識的一位小學教師表示，小學的考試不用那麼在意成績也沒關係。

因為小學的考試主要是用來確認孩子的「學習程度」，看看孩子究竟對上課內容理解了多少。

與其說錯了也沒關係，不如說能夠看出孩子的瓶頸反而比較幸運，因為及早發現就能夠及早克服。

所以父母不必用扣分主義去看待孩子的

成績，煩惱「離100分還很遠」，或是心想「這邊跟那邊都錯了」拚命研究孩子錯了哪些問題。不如說，別這麼做比較好。

如果看到有點可惜的分數，不小心脫口而出：「沒有100分呢……」這時就請想辦法將話語導向有助於提升孩子鬥志的方向，例如：「好！我知道你哪裡比較弱了，一起學習吧，以更好的成績為目標！」

每次孩子拿出成績單就被罵的話，當然會失去自信。

失去自信的話就會認為「我就是不會讀書」、「認真也沒用」，連學習的幹勁都徹底消失。

大人不必太過執著於分數，只要從考卷中找出孩子的優點，稱讚孩子「這麼難你還是做出來了」、「好厲害，你很努力了呢」即可。

若是找不到可以稱讚的地方，就試著從其他方向尋找孩子的優點吧，例如「考試時一直安靜坐著真了不起」、「字寫得很漂亮呢！」等等。

換句話說！

「這麼難你還是做出來了！」「好厲害，你很努力呢！」

33 「不對吧」

一直遭到否定的孩子，會喪失幹勁與自信。

重要性 ★★★★☆

孩子搞錯事情的時候，
大人立刻說出「不對吧」
糾正孩子。
雖然知道否定孩子不好，
但應該比放任孩子搞錯好吧？

✿肯定孩子的話語。

我曾在某場講座中，體驗過一種「完全否定對方話語」的活動。

活動為兩人一組，當其中一方說話時，另一方要說「你錯了」或是搖頭否定。

隨著聽見「你錯了」的次數增加，我發現對於自己的說話內容會漸漸沒有自信，聲音也會愈來愈小。

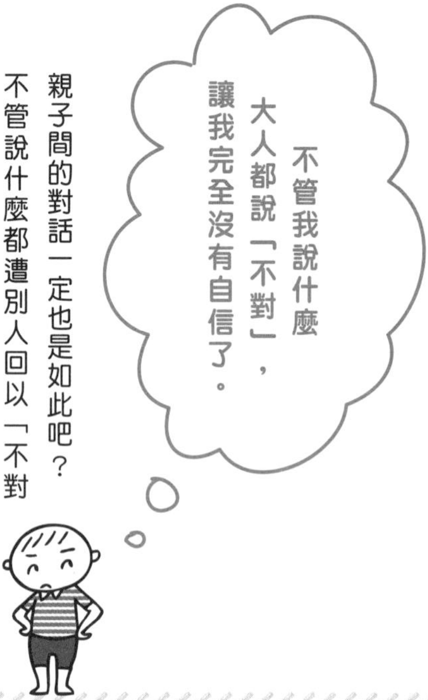
不管我說什麼
大人都說「不對」，
讓我完全沒有自信了。

親子間的對話一定也是如此吧？不管說什麼都遭別人回以「不對吧」，孩子就只能漸漸不再說話。如此一來，孩子就會變成一味等待他人指示的人，無法產生自信。

我相信容易對孩子說出「不對吧」等否定話語的父母，其實是很溫柔、很為孩子著想的。

大部分的事情大人都經歷過，明白該怎

麼做才會成功，所以為了避免深愛的孩子也失敗、犯錯，才會說出「那是錯的」試圖糾正孩子。

但是三不五時就被他人指出「你錯了」，似乎會讓人逐漸封閉心靈。

孩子封閉心靈的話，不管父母多麼認真想指導孩子，那些話語跟想法都無法傳達給孩子。

不想發生這種事情的話該怎麼做呢？

前面說的那場講座活動還有後續。活動的下一個階段，就是改成肯定的反應，說出「原來如此」或點頭附和，沒想到說起話來頓時輕鬆得令人訝異。

同理可證。想要說出「你弄錯了」的話語否定孩子時，就努力改成「原來如此」、「不錯的想法」，先接受孩子的發言吧。畢竟孩子也需要經歷過犯錯才行，如果真的是必須糾正的錯誤時，也可以跟孩子說「再多想想看」。

知道自己的想法獲得肯定時，孩子肯定會對自己更有自信的。

換句話說！

「原來如此。」

「不錯的想法。」

「再多想想看吧。」

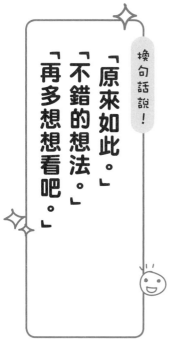

34 「反正你辦不到」

摧毀孩子的幹勁，孩子也會同時失去自信。

重要性 ★★★★☆

太空人、足球選手……
孩子的夢想五花八門，
但是身為父母
希望孩子認清現實，
便說出「反正你辦不到」。

✿未來會如何沒有人會知道。

雖說孩子的未來有無限可能，但是有些目標難免會讓人覺得不太可能。

讓孩子搞不清楚狀況就隨便挑戰的話，失敗了又很可憐。父母出於不希望孩子受傷的心情，難免會想要說出「反正你肯定辦不到」、「你沒有那麼聰明，別想了」。

但是一開始就否定孩子，很容易讓孩子的挑戰精神化為灰燼。

「那就努力試看看吧」、「挑戰看看吧」換成這種支持他挑戰的話語，應該比較好吧。

就算孩子挑戰過後，卻很遺憾地（或者說是一如預期）失敗，也不算白費功夫，因為這都是孩子憑自我意志決定的。

努力過的事物會化為經驗留在體內，為下一次的挑戰帶來助益。

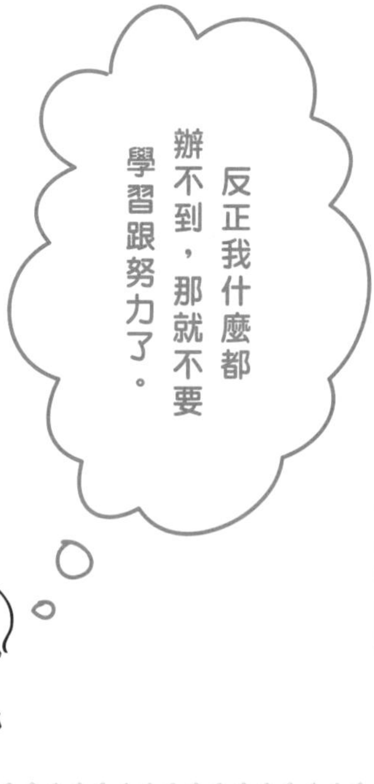

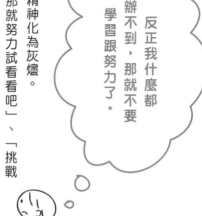

從結果來看，這麼做的好處遠遠大於壞處，大人只要秉持著「失敗為成功之母」的觀念即可。

不過，就算知道這種客套話……但是一想到孩子得挑戰「絕對不可能」的目標時，大人還是會想阻止孩子。

這種時候若是從一開始就否定孩子「你辦不到」、「你沒那麼聰明」，會徹底摧毀孩子的幹勁。

「那你思考看看該怎麼做才會實現」這時只要這樣問問孩子就可以了，不是嗎？

孩子肯定會絞盡腦汁，拚命思考邁向成功之路的方法。

這種努力的經驗有助於提升孩子與生俱來的能力。

而且我有時候也會抱持著「說不定會實現」的想法。

未來的事情沒有人知道，孩子人生剩下的道路也比我們長了許多。既然不是完全不可能，那麼身為大人應該做的事情，就是不要摧毀孩子的夢想。

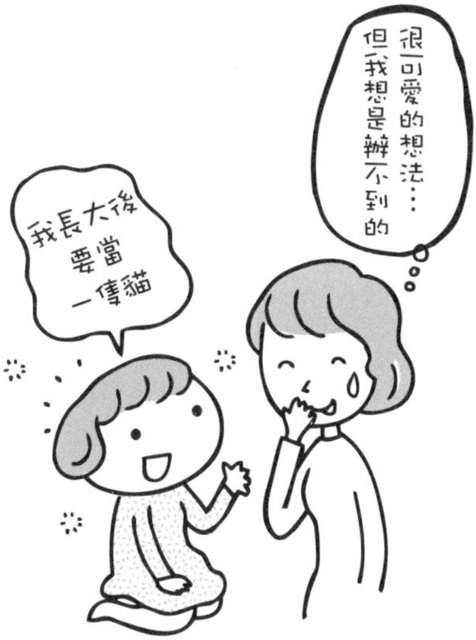
很可愛的想法…但我想是辦不到的
我長大後要當一隻貓

換句話說！

「試試看吧。」
「想想看要怎麼做才能夠實現。」

35 「你只要認真念書就好了！」

限制孩子的行動，會導致原本應成長的能力萎縮。

重要性 ★★★★☆

大人總希望孩子年幼時，
能盡量在良好的環境下讀書！
所以讀書以外的事情
都要盡量忍耐。
只有成績絕對不可以變差。

將目光放在比學習更重要的事物上。

大人總是嘮叨著要孩子「念書」，是基於父愛與母愛。

成績好會比較吃香，學習能力佳的話未來的選項也會比較多，因此我能理解為什麼有些人會認為「父母必須幫孩子鋪好一定程度的軌道」。

但若是要求到「你只要讀書就好」的程度，就有點走偏了。

據說有些父母明明孩子都已經在哭了，仍強迫孩子讀書，對孩子說「成績退步的話我可饒不了你」。

不讓孩子和朋友往來或玩耍、沒有考到理想成績就責罵好幾個小時、認為讀書比睡眠重要、讀書比吃飯重要……過度斯巴達式的教育其實也是一種虐待（日本甚至有個名詞叫做「教育虐待」）。

若是父母誤以為「孩子的成績＝自己的育兒成果」，就更容易將孩子逼到走投無路。

專注於學習並取得成果是件「好事」，不僅能夠獲得成就感與滿足感，被他人稱讚時也能夠滿足優越感。

所以父母很容易認為自己逼迫孩子「是正確的」。

但是只能靠成績確認自我價值的孩子，即使長大後也無法肯定自己的價值，會導致他無法擁有自信。

就如同再健康的食品，如果只吃一種的話身體會壞掉一樣，只會讀書的話也培養不出健全的身心。

雖然這裡談的是讀書，但是運動技能與其他才藝也是相同的。

就如同健康的身體必須均衡攝取豐富的營養一樣，希望各位能讓孩子多吸收各種經驗，拓展人生的寬度。

換句話說！

「多找點有趣的事情來做吧。」

36 「你好髒喔／不要弄髒啦」

在意髒污的話就無法專注於遊戲。

重要性 ★★☆☆☆

打翻食物、玩泥巴、
沾到草汁、顏料、蠟筆等……
孩子總是能把自己弄得髒兮兮，
讓人不禁大吼：
「不要弄髒啦！」

✿孩子會在髒污中成長。

我們身為父母，都會希望「不斷讓孩子成長茁壯」，還會想「希望加強他的運動神經」、「希望他成為會創造事物的人」、「想讓他身體更健康」等。

但是各位不覺得懷抱這些期望時，還要求孩子「不要弄髒」是很矛盾的嗎？

孩子會透過玩得髒兮兮來培養身體、心靈、智慧與社會性。

愈是活潑的孩子愈是容易玩得髒兮兮。

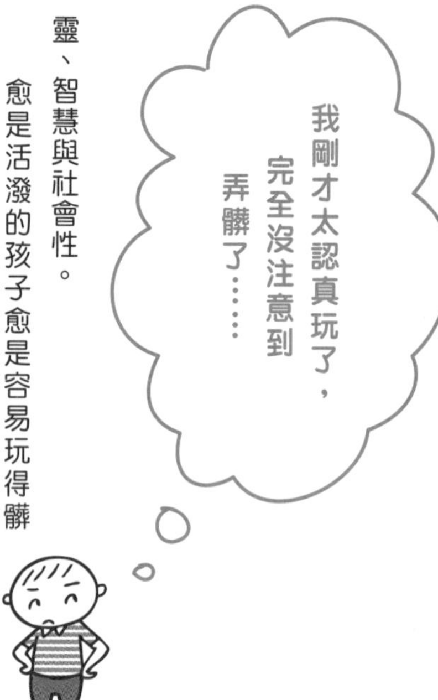

專注於遊戲中的孩子，沒注意到衣服弄髒是很正常的。

如果父母一直在旁邊叮嚀「不要弄髒」或是斥責孩子衣物上的髒污，最終孩子也會變得很在意衣服的髒污。

如此一來……確實洗衣服會輕鬆許多，

我回來了～！
很有孩子的樣子！
但是先在玄關脫掉啊…

但是當孩子變得無法專注於遊戲時，能夠從中學到的事物就會變少。

而且孩子也會養成「不照父母心意去做不行」的思考模式，就算想做什麼事，都會在意「父母是否喜歡」，導致自己踩下剎車。

我認為孩子升上小學高年級後，再學會考慮「弄髒衣服會讓媽媽傷腦筋」即可。當孩子差不多到這個年紀時，只要偶爾讓他自己手洗髒掉的衣服，實際體會髒衣服有多難洗就好。

話說回來，說到髒就不能漏掉小嬰兒。

小嬰兒用舌頭舔拿在手上的東西時，似乎是在藉由最敏銳的舌頭感官，探索「這是什麼」的樣子。

不斷揉捏食物，似乎也是在用手的觸覺感受。

所以只要在避免孩子拿到危險物品的情況下，希望大人不要嫌孩子「髒」，在可容許的範圍內盡量讓孩子多加體驗，促進孩子的發展。

換句話說！

「你玩得很認真耶，好玩嗎？」

「去浴室洗一下衣服吧？」

37

「我不想聽你說別人壞話」

孩子說別人壞話時，不聽理由就制止是NG行為。

重要性 ★★★☆☆

我家孩子從學校回來後
就開始說朋友的壞話，
例如「那個人很笨」、
「那個人髮型很奇怪」等，
真的很想制止……。

先若無其事地聽孩子說吧。

孩子說朋友或老師的壞話時，各位會怎麼做呢？

身為父母會想斥責孩子「說人家壞話不好，別再這樣了」或是教導孩子「不可以說這種話喔」，甚至會告訴孩子「要是別人這樣說你，你也會不開心吧？」、「多找找朋友的優點吧」。

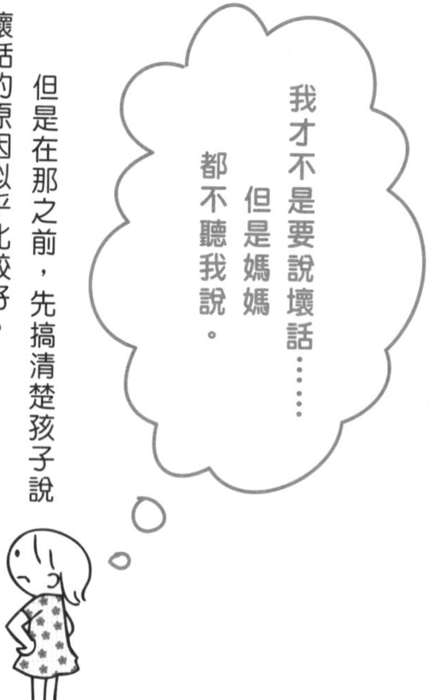

但是在那之前，先搞清楚孩子說壞話的原因似乎比較好。

畢竟沒有人會「毫無原因地說他人的壞話」吧？至少身為父母，應該要相信孩子的人品。

孩子說壞話的「理由」有各式各樣的可能性。

或許是透過向媽媽報告情況，整理自己

與朋友失和的心情；或許是想要努力克服對老師的不滿；或許是發生討厭的事情，希望有人聽自己埋怨……。

更何況……不是有所謂的真心話與客套話嗎？

我們會客套地說著「不可以說壞話」，但是只要是人，誰都會在內心有「不好的想法」。

如果孩子內心不好的想法＝真心話，被父母當作壞事斥責或是無視，孩子可能會心想「自己是不是很糟糕的人？」而想不開，進而失去自信。

但是不管怎麼想，做父母的總不能陪孩子一起說別人壞話吧？

那麼該怎麼辦才好呢？其實不必批評或是給予評價，只要聽孩子說就好。

例如回答「喔～原來是這樣」接受孩子的想法，或是附和孩子的話「原來○○會對朋友做這種事情啊」。

光是這樣就能夠讓孩子感受到「自己被接受了」，於是就能夠憑自己的力量繼續向前邁進。

換句話說！

「原來是這樣。」

「原來○○會這樣啊！」

38 「趕快去寫作業」

強迫孩子去做也無法養成學習的習慣。

重要性 ★★☆☆☆

真希望孩子至少能夠主動做好每天的作業。每天都得問「作業寫了嗎？」、「快點寫作業！」實在令人疲倦。

✩ 想辦法若無其事地提升孩子幹勁。

聽說女兒的朋友裡成績比較好的孩子，都養成了回家之後馬上寫完作業再開始玩的習慣。

當然我家也要求過孩子「寫完作業再出去玩」。

但是女兒的回答是「這樣子就沒時間玩了，我沒辦法！」。成績好的孩子很快就寫完作業了，所以不會覺得先寫作業再玩很痛苦。

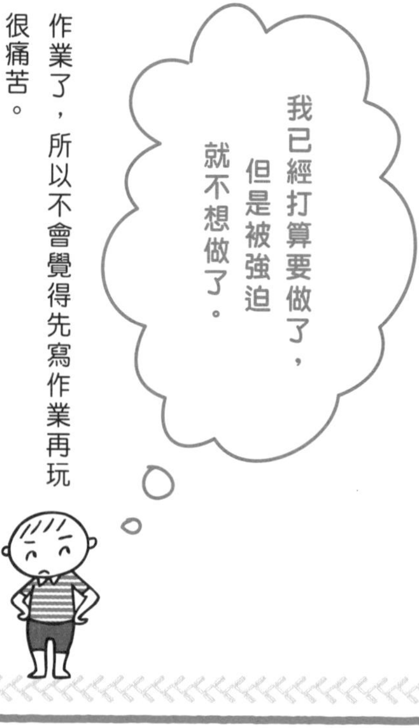

但是成績沒這麼好的孩子，該怎麼做才能夠讓他們主動寫作業呢？我也曾經想過好幾個辦法。

我試過先允許孩子出去玩，回來後馬上要求他寫作業……結果失敗了。

我也曾若無其事地拋出話題：「今天開心嗎？是說學校出了什麼樣的作業？」結果孩

子自己想到「必須寫作業才行」。

如果這麼做孩子還是不肯去寫作業時，就可以問一下「你打算幾點寫作業呢？」。如果孩子在自己決定好的時間還沒動作，也不要催促他「快去寫作業」，只要提醒他「〇點了喔」就好。

由於孩子被父母催促會感到反彈，因此我也曾用鬧鐘催促，聽到孩子決定好的時間後表示：「那我先設好鬧鐘喔。」

我們經常聽到有人說「父母平常就坐在書桌前的話，孩子也會養成坐在書桌前的習慣」。

這是真的。我曾有過這樣的經驗，當我在孩子面前翻開筆記本準備執照的考試，或是開始手寫一些事務作業後，孩子也跟著做起了作業。

看到孩子不用我唸就主動去做作業時，稱讚他「你真努力」後，我也曾收到「我明天也會好好寫作業！」的回應。

換句話說！

「你打算幾點寫作業？」
「媽媽要來念書了！」

39 「你已經飽了嗎？」

太逼迫食量小的孩子，會讓他愈來愈食不下嚥。

重要性 ★★☆☆☆

我家孩子的好惡很明顯，
食量也很小，平常都吃不多。
每次用餐都得叮嚀孩子
「多吃一點」，
覺得心很累。

✿全部吃光有助於提升自信。

世界上的孩子形形色色，有吃得多的孩子，也有食量小的孩子。

身為父母，當然要看到孩子無論喜不喜歡都全部吃光才會放心，但是孩子每天的情緒與身體狀況都不同，很難如父母所願。

不過，若是因為孩子不吃就施加壓力，反而會讓孩子失去食慾。就算是大人，要是別人一直強迫自己吃下大碗的飯，也會覺得很疲倦吧？

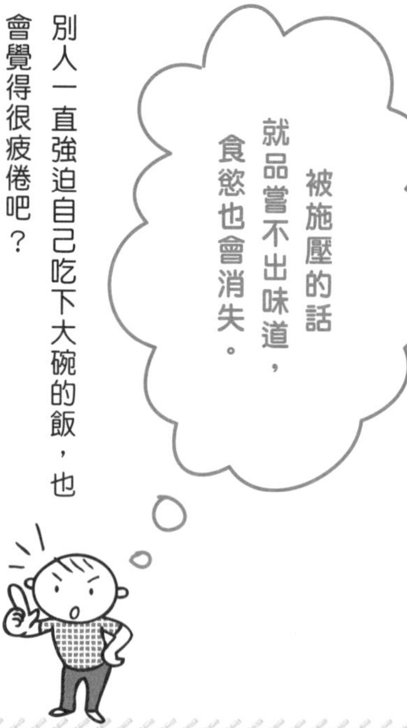

面對不愛吃飯的孩子時，常見的應對方法包括限制甜食、讓孩子進行充分活動身體的遊戲，或是減少孩子的飯菜量，給予他「吃完了！」的滿足感。有些人則會規定吃飯時間，時間一到就果斷收掉。此外也可以出門野餐、讓孩子與朋友一起吃飯煽動競爭心理，或是爸爸媽媽吃給孩子看，表現

好啦好啦，
到了一定年紀
就會吃了吧？
我討厭蔬菜
肉

出「很好吃」的樣子，這些方法似乎都很有效果。

所以請各位在不勉強的前提下，多多嘗試各種方法，試著改變用餐狀況或是表達方式吧。

但是苦惱孩子用餐問題的人，多半是煩惱著「都已經想方設法了，孩子還是不肯乖乖吃」。

或許最後只能放棄，把「反正餓了就會吃」當作最後的手段。

孩子食量小不是媽媽的錯，只要孩子能夠活潑玩耍，那麼當前的食量就是適合孩子的食量。雖然難免在意孩子吃得比其他孩子少，但這並不是非得與其他人比較的事情不是嗎？

孩子吃完就稱讚他——只要不斷這麼做，不知不覺中孩子就會吃得更多，愈來愈不挑食，這種案例也不少。

吃飯應該要吃得美味、吃得開心。吃飯不只能夠補充身體的營養，如果用餐時間也能夠為內心補充營養，那才是最理想的。

換句話說！

「你全部吃完了!?好厲害！」

「好好吃喔。」

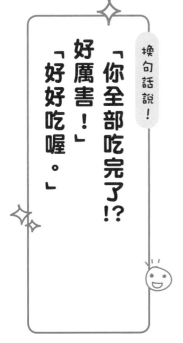

40 「湊巧而已吧？」

妳是否成為了無法認同孩子成功的媽媽呢？

重要性 ★★★☆☆

孩子考出好成績時、
運動會拿到第一名時……
為了避免孩子驕傲自滿，
就說出了：
「湊巧而已吧？」

✿和孩子一起培養自信吧。

「湊巧而已吧？」這句話的背後，隱含著「要保持謙虛」的忠告對吧？這其實是大人心想「雖然這次幸運成功了，但要避免孩子下次失敗時氣餒」所展現出的體貼。

但是「在孩子受傷前先打預防針」的想法，或許等同於已經認定「我家孩子一定會失敗受傷」。

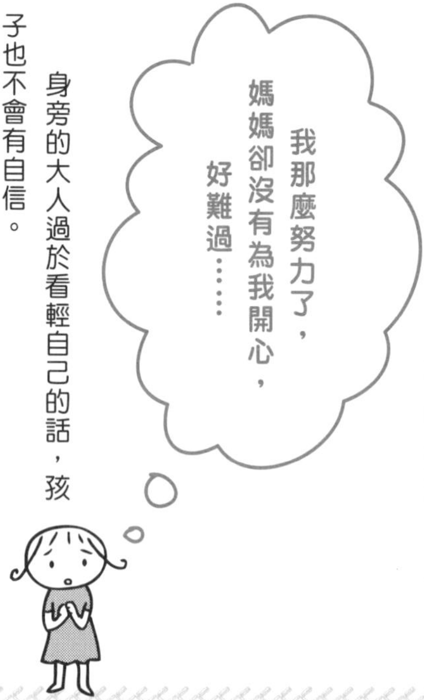
我那麼努力了，
媽媽卻沒有為我開心，
好難過……

身旁的大人過於看輕自己的話，孩子也不會有自信。

若這次真的只是剛好運氣好的話，只要以此為契機，鼓勵孩子「有心就辦得到」就有可能促成孩子更有自信。

話說回來，在這世界上，也有些人如果不貶低他人就會覺得不安，就算對方是自己的親生骨肉也一樣。

所以說出「湊巧而已吧？」這句話時，

請試著探索自己的內心，想想自己是不是故意在找孩子的碴。

試圖找出他人的缺點，其實是為了證明自己比較厲害。也就是說，這是沒有自信的證明。

如果覺得自己似乎真是如此也沒關係，有個方法可以幫助你培養出自己的自信。

那就是用「恭喜」、「太好了」等話語，認同孩子的成功。

我在前面的章節也說過，從自己口中說出的話語也會傳進自己的耳裡，據說人的大腦不善於分辨話是他人說的還是自己說的。

也就是說有助於培養孩子自信的話語，也能夠提升父母本身的自信。只要多留意自己的用字遣詞，相信就能夠同時提升親子雙方的自信心。

換句話說！

「你成功了！」
「太好了！」
「我也得更努力才行！」

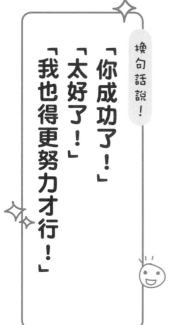

41 「做那種事會被笑喔」

依他人的想法決定自己的行為，會活得很辛苦。

重要性 ★★★★☆

開始育兒後，
很容易會在意他人的看法，
也會希望孩子不要成為
會被他人嘲笑的孩子。

不要過於執著配合他人。

「不要做出會被笑的行為」、「不要成為會被他人指指點點的人」相信很多人在成長過程中，都聽過這些叮嚀吧？我從小就很常被父母這麼唸。

因此我養成了默默觀察周遭，盡量避免自己太過顯眼，想辦法與他人相同、不要太過突出的習慣。

我覺得和別人不一樣是很丟臉的事，脫離框架很可怕。

但是我不認為這是壞事。配合整個群體，讓事情能順利進行是件好事。

但是從培養孩子的自信這個角度來看，避免「過度要求孩子合群」或許會比較好。

畢竟「和他人不同就無法安心」，和自信是完全相反的狀態。

過度配合周遭的父母，也會要求孩子必

須與他人步調一致。希望孩子不要在冷漠的社會遭到嘲笑或指點，正是所謂的父母心。但是這麼做卻只會讓孩子同時遭受父母與社會的責難，感到壓力。

一直強迫孩子配合這個社會，無法培育出孩子的自信心，嚴重時還會演變成「我拒絕配合這樣的社會！」、「只會以別人眼光為基準、自己什麼也不想的父母，說出來的話實在太愚蠢了，聽不下去」。

孩子根本就不曉得配合這個社會有多麼辛苦，也不明白大人的用心良苦……。

我們得想辦法避免這種事態發生。

身為父母，我們也可以讓自己稍微超出框架，不要那麼害怕與他人不同。

舉例來說，在大家都喝檸檬茶的時候，試著刻意自己一個人點咖啡等等。就算只有這種小小的「差異」也無妨。

剛開始時需要勇氣。但是當大人認同了「與他人不同的自己」時，孩子也會擁有自信，認為「做自己就好了！」。

自信滿滿
頭髮亂翹
飯粒
前後穿反
破掉了
襯衫沒紮好

換句話說！

「你就照自己的想法去做吧！」

42 「別撒嬌了」

不讓孩子撒嬌，想藉此培養孩子獨立的個性，卻可能造成反效果。

重要性 ★★★☆☆

希望孩子獨立，
孩子卻很快就吵著要抱，
或是跑來磨蹭身體，
讓人不禁強硬說出：
「別撒嬌了！」

✿讓孩子撒嬌有助於成長。

「那個人太天真了」、「自己真是太單純了」……我們常將「天真單純」這樣的字用在負面意義上對吧？

如果是我，我不希望自己的孩子長大變成一個「天真單純」的大人。

但是喊著「媽媽」跑過來撒嬌的孩子很可愛……究竟該放任孩子撒嬌呢？還是要硬起心腸推開他，讓他獨立自主呢？我也曾如此煩惱過。

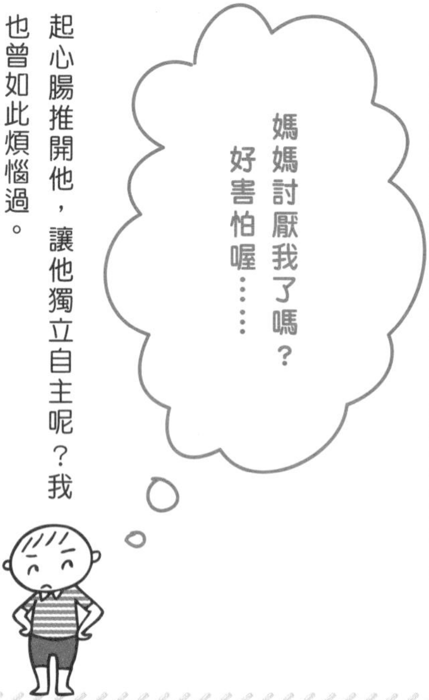

從結論來說，想讓孩子養成獨立的個性時，其實讓孩子撒嬌也無妨，不如說讓孩子撒嬌比較好。

父母接受自己的「撒嬌」時，孩子會安心地認為「自己受到重視」。這份安心感有助於培養孩子「我自己也要好好努力」的幹勁，讓孩子變得更加獨立。

但是世界上沒有24小時都充滿幹勁的人。孩子會和別人吵架、遭遇失敗，在外面感到氣餒的時候，回到信賴的父母身邊「撒嬌」獲取的「安心感」，正是幹勁的養分。

孩子會像鐘擺一樣，在能夠向父母撒嬌的內心世界，以及必須自己面對的外在世界之間來來去去，然後逐漸培養出自信心。

所以請放心地接受孩子的撒嬌吧。

但是也有些大人不擅長應付孩子的「撒嬌」，甚至孩子如果向自己撒嬌的話會覺得不愉快。

說不定這樣的人，內心也因為沒有得到滿足而懷有一些嫉妒般的情緒，心想：「我也很想撒嬌啊！」

愛情並不是自己沒有獲得過，就給不了別人的東西。

請各位在讓孩子撒嬌時，試著想像自己同時也擁抱著心中「小小的自己」吧……就算無法馬上去除內心的刺，至少也能夠一點一滴慢慢靠自己療傷。

換句話說！

「盡情撒嬌吧。」

「你真可愛！」

43 「給我道歉」

孩子說不出「對不起」是有自己的理由的。

重要性 ★★★☆☆

兒子和朋友吵架之後
無法坦率道歉。
「給我道歉！」
「你的對不起呢？」
最後只好強迫他道歉了。

✿聽聽孩子的理由，引導孩子思考。

孩子做錯事的時候，大人就會想要強迫孩子道歉：「給我道歉！」、「你的對不起呢？」

但是強迫孩子道歉的話，很容易招致負面的影響。

讓孩子未經反省就口頭上道歉並獲得原諒的話，孩子會誤以為「只要道歉就會被原諒」。要是孩子長大後認為「只要支付罰款就好了吧」、「不管犯什麼罪，只要被關過就算贖罪了」那就傷腦筋了。

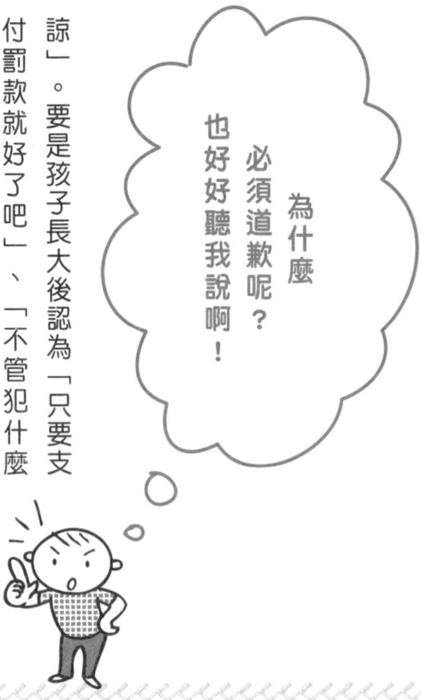

為了避免發生這種事，孩子做錯事時最佳的應對方法，就是認真聆聽孩子的理由，引導孩子自己思考該怎麼彌補，讓孩子用自己的話向對方道歉。

但是沒辦法每次都這麼做對吧？

孩子打了朋友或是惹哭朋友時，如果不當場道歉的話，不管是小孩還是家長，雙方的人際關係都會產生裂痕。

然而若因為顧及與周遭人的關係，而表現出「總之你先道歉」的態度，孩子會認為「比起我的心情，媽媽更重視與其他人的關係」。

雖然孩子很重要，但是也想維護人際關係……這種情況真的很為難對吧？

有時候放棄「最佳的應對方式」，由父母當場先代替孩子道歉「真的很抱歉！」也沒關係。

事後再好好聽聽孩子的理由，顧慮孩子的心情即可。

謝罪對大人來說也是一大難事。

正因如此，大人更應該要協助孩子自己思考。

思考自己犯下的過錯，能夠讓孩子體認到必須對自己的言行負責，並培養出自行解決問題的能力。我相信這些到最後一定會成為將來自信的基礎。

換句話說！

「發生什麼事情了呢？」

「真的很抱歉！」

（媽媽先向對方道歉）

44 「別再自誇了」

好不容易成功卻沒人肯定自己，就無法轉換成自信了。

重要性 ★★★☆☆

兒子很愛自誇。
雖然我明白自誇會心情很好，
但是這麼做朋友會討厭吧？
所以就斥責孩子：
「別再自誇了。」

✿聆聽孩子的自誇吧。

「我比賽跑了第一名」、「我被老師稱讚了」、「我把營養午餐吃得一乾二淨」……孩子有時候會像這樣自豪地說起自己做的事對吧？

只要不要太過分，父母還能夠面帶笑容地聆聽，但是孩子自誇太久時，父母就會不禁思考「說不定長大後會變得很愛自誇，惹人厭」、「朋友說不定會嫌煩？」。

但是，自誇其實是種很直接的喜悅表達方式。孩子想和最愛的爸爸媽媽一起分享這份喜悅，才會向父母報告。

自信需要靠無數的成功經驗累積而成，但是只有成功經驗是不夠的，過程中還必須獲得他人的認同。

孩子最希望獲得認同的對象，果然還是

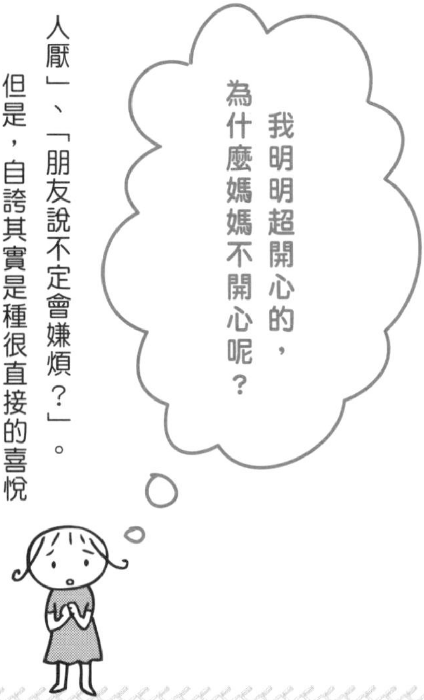

父母吧？所以孩子在自誇時，請將其視為培養自信的好機會，靜靜聆聽即可。

孩子個性比較內向時，也可以藉由「今天有沒有表現特別好的地方呢？」引導孩子自誇。

我們偶爾也會遇到「總是自誇的討厭大人」，他們大多是小時候不被他人接納，內心的創傷一直未受撫平。為了彌補當年的遺憾，只要有人願意聽，就會不厭其煩地反覆述說……這麼一想，就覺得有些寂寞呢。

所以趁孩子還小的時候，就多稱讚孩子「好厲害」、「做得真好」接受孩子的成功，並同理孩子的感受，孩子應該就不會長成那樣的大人了。

若是身邊有願意聽自己自誇的大人，孩子也會隨著成長開始考慮對方的心情，學會體貼的對話方式。

如果是不懂得「適可而止」的孩子，也可以告訴孩子：「要自誇要偷偷跟媽媽說，不要說出去喔！」

換句話說！

「好厲害喔。」
「真不愧是你。」
「太好了。」

本章總結

一直努力的媽媽也要休息一下，偶爾當個傻瓜父母（？）吧！

「我還不夠好」、「我必須更努力才行」能夠這樣想是很棒的事情，因為不輕易滿足於現況才能夠進步。

但是總是抱持如此想法持續努力的話，就如同一直跑步不停歇一樣，身心都會很疲倦。

此外孩子也想認為「自己很了不起」，希望有某個人能肯定自己。

我認為體認這份心情並滿足孩子的需求，也是身為父母的工作。

所以當孩子的努力獲得成果時，或是看得見孩子的努力時，身為父母就盡情地為他開心吧。比當事人高興也好，像個溺愛子女的傻瓜父母（？）也好，畢竟是自家的可愛孩子啊！

見到父母為自己開心時，孩子就會變得更加開心，甚至為自己感到驕傲（說不定還會害羞地說「好了啦……」）。

第5章

「父母守護著自己」的信賴感
有助於拓展孩子的自信。

別利用恐懼支配孩子

45 「我不管你囉」

孩子只是因為害怕被拋棄才聽話的。

重要性 ★★★☆☆

孩子有時會被某些事物吸引而駐足不肯再走。
這時只要威脅孩子「我不管你囉」
孩子就會乖乖走了……
但是這樣好嗎？

✿別拋棄孩子，跟孩子一起走吧。

若孩子玩得入迷而不肯走，或是被某些事物吸引而駐足，但是自己之後還有事情要辦，這種時候很傷腦筋對吧？

我也常常在帶小孩從幼稚園回家的時候說「我要把妳丟在這裡囉？」，剛開始孩子會慌張跟上，但是最後她發現「媽媽不會真的丟下我」，結果就失效了。

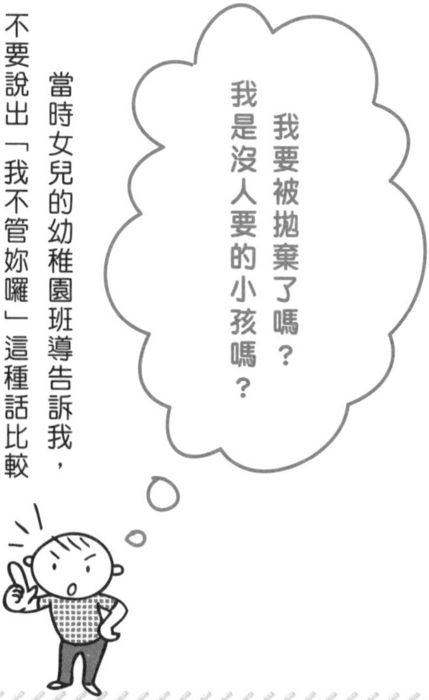

當時女兒的幼稚園班導告訴我，不要說出「我不管妳囉」這種話比較好。這樣孩子會為了不被父母丟下，強行壓下自己的想法聽從父母的話。

最終可能演變成只有在父母面前會「裝乖」而已。

當時班導建議的替代方案，是跟孩子說「一起走囉」，或是陪孩子玩到膩為止。

媽媽或是爸爸願意陪孩子嘗試各種事物的話，就能夠滿足孩子的內心，培養孩子的自尊心與智能。

能夠這麼做當然是最好的，但是精神上或時間上不夠充裕時，根本就辦不到。

很多事情光玩5～10分鐘根本不會膩，況且後面還要吃飯、洗澡。

我家的做法是訂好時間，例如只配合孩子到6點半，或是只配合15分鐘。

具體的說話技巧，則是在孩子步伐放慢時說「哇～妳走得好快喔！」、「謝謝妳陪我趕路」，有時這麼說相當有效。儘管孩子走得慢吞吞，只要說話時當作「孩子正以超快速趕路」，孩子就會打算照著做，非常神奇。

順道一提，從幼稚園回家的路上，當我希望孩子走快一點時，我的密技就是順路去途中的超市買冰淇淋。這時只要說「冰淇淋會融化喔」，孩子就會很認真地朝著家趕路。

換句話說！

「一起走吧。」

「謝謝你願意跟我走。」

46

「很危險，快住手」

幫孩子去除路上所有的荊棘，孩子就無法學會保護自己。

重要性 ★★★★☆

孩子會想爬上攀登架，
或是想要拿菜刀……
盡是想做一些危險的事情，
讓人整天都得急忙阻止：
「很危險，快住手！」

✿野生養法可以為孩子增添自信。

很早之前就有個說法，認為現代孩子的身體能力變差了，雙手都不靈活。似乎是因為孩子不像以前總是在野外活用身體玩耍，也很少有機會用到剪刀或刀子等。

大人一下子就說「很危險，快住手！」讓孩子遠離危險的話，孩子就不容易培養出察覺危險並保護自己的能力、體力與靈活度等等。

所以讓孩子接觸一些略帶危險的事物比較好的樣子。

但是就算專家學者這麼說……做父母的還是不希望孩子受傷，盡可能想避免孩子接觸危險事物。

沒錯。要阻止自己說出「很危險，快住手！」時，父母需要比孩子更大的勇氣，畢竟父母是真的很擔心。

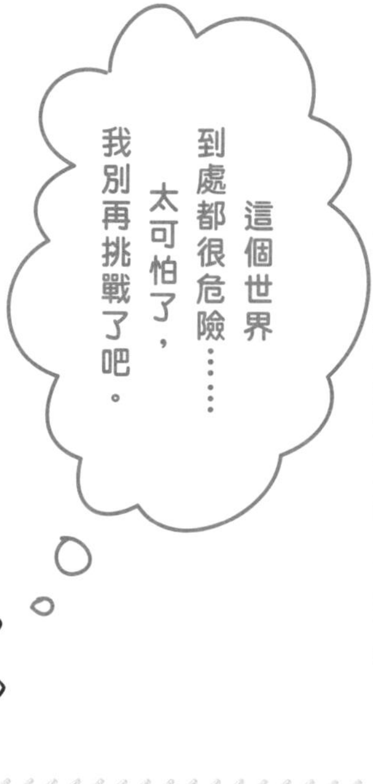
這個世界
到處都很危險……
太可怕了，
我別再挑戰了吧。

但是我們沒辦法守護孩子一輩子，所以請從旁靜靜守候，不要太過恐慌。

有時在知道會有危險的情況下，不妨緊盯著孩子，為了可以及時救援先找好最佳位置，然後屏氣守侯等待。

戰勝爬到攀登架高處的恐懼；獨自在親戚家過夜，強忍爸媽不在身旁的寂寞；克服對自己能力的擔憂等……有過這些經歷後，孩子就會培養出勇氣、幹勁與自信。

當孩子露出「我靠自己做到了！」的滿足表情時（或是失敗了仍願意挑戰時），就盡情抱住孩子加以讚賞吧。

換句話說！

「別擔心！你可以的！」

「你成功了呢！」

47 「我揍你喔！」

用體罰逼孩子聽話，就無法培養出有自信的孩子。

重要性 ★★★★★

我家孩子很不聽話，
只說「不行」、「住手」
完全沒有效果。
只有威脅孩子「我揍你喔」
才能夠讓孩子聽話。

想辦法不借助體罰育兒吧。

孩子總是不聽話時，想要光憑言語制止孩子真的很辛苦。

相較之下，只要祭出拳頭就能夠快速解決事情。據說會體罰孩子的父母，多半都會說「自己是為了管教孩子」。

過去的育兒方式確實是這種風格，甚至還有「愛的鞭子」這種詞彙。我並不是要完全否定這種做法，只是育兒的常識已經大幅變動，現在很多人都知道體罰是不好的。

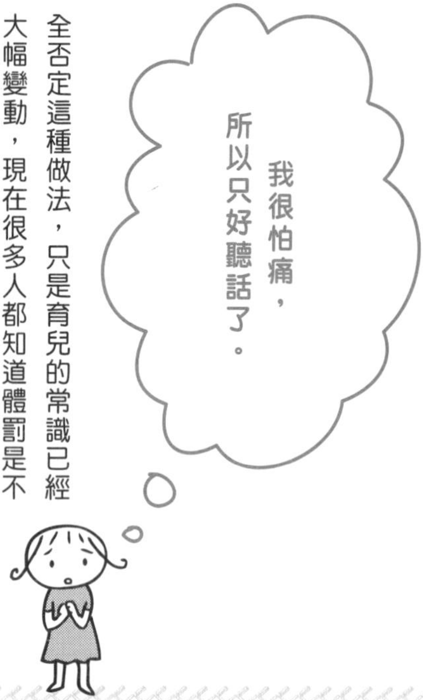

據說體罰只會帶來「挨揍的憎恨」。明明是為了孩子好，卻反而遭致怨恨，這樣不論是父母還是孩子都很悲哀。

受體罰的孩子在體認到「自己做了壞事所以被打」的同時，也會認為「他人做壞事時也可以用暴力制裁」。

自己是正義的一方就可以付諸暴力，事情發展不如己願時用蠻力解決比較快。如果孩子養成這樣的思維，就會變成不講道理的大人，如此一來就傷腦筋了。

此外就算沒有實際動手，藉由「我要體罰囉」這種威脅強迫孩子聽話，也與實際的體罰無異。

所以請具體責罵孩子的錯處，不要借助體罰教育孩子。

換句話說！

「請你住手。」（嚴肅）

在責罵孩子的時候，要蹲下來與孩子四目相交，用嚴肅的語氣告訴他「我希望你住手」。

冷靜地說服孩子，比起威脅更能讓孩子感受到大人是認真的。

如果真的火大到忍不住想動手時，就先離開現場冷靜一下吧。

透過喝杯水、從一數到十、深呼吸等與事件無關的行為為內心爭取一些「餘裕」，試著慢慢撫平怒氣吧。

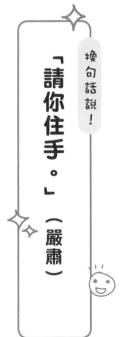

48 「你再這樣下去，無法成為像樣的大人」

不看好孩子的未來，孩子就真的會往壞的方向發展……。

重要性 ★★★★★

孩子總是沉迷於喜歡的事物，
不想做的事情就碰都不碰。
讓父母總是嚴厲斥責：
「你再這樣下去，
無法成為像樣的大人！」

✿試著從其他角度看待吧。

對孩子產生「這樣下去不行」的想法絕對不是壞事，因為會想「不能放著不管」、「得想想辦法」正是出自溫柔的父母心。

但是，我認為實際說出「你再這樣下去無法成為像樣的大人」不是件好事。

因為愈是「不好的預言」，不知為何就愈容易說中。

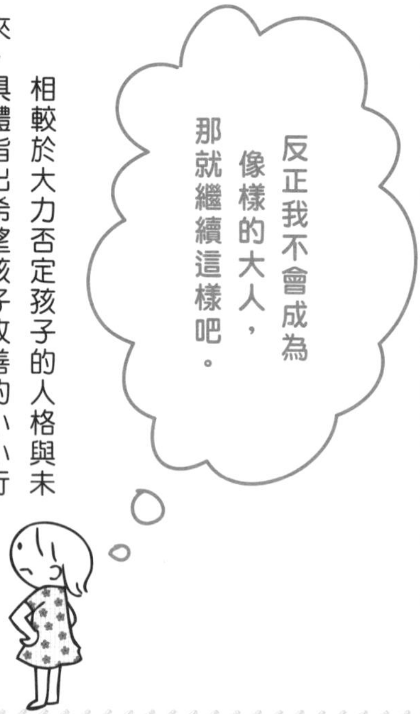

相較於大力否定孩子的人格與未來，具體指出希望孩子改善的小小行為，孩子也比較容易聽得進去。

世上並無完人，所以大人也應該適度認同孩子的缺點。但是……有時身為父母，更容易將目光放在孩子的缺點上。

這時從另一個角度去看待，應該就會輕鬆一點。

就算是相同的事情，只要用不同的角度看待，也會有不一樣的意思。舉例來說，遠足的日子下雨會讓人很傷腦筋，但是這場雨對農人來說卻是老天爺的恩惠，所以從正面的角度來看，這場雨代表「能夠吃到美味的蔬菜了」。

孩子的個性看在父母眼裡或許會認為是

缺點，但也可能隱藏著孩子的特色與優點。

以我家女兒們為例……

「很吵」→「活潑」
「懶散」→「沉穩」
「愛反抗」→「獨立」

若是多少能找到孩子的優點，父母的心情也會放鬆一點。此外將這些察覺到的優點轉換成語言告訴孩子，孩子或許也會變得更好溝通。

就算孩子有缺點也無妨，父母的認同才是培育自信的最大關鍵。

換句話說！

「希望這裡可以改善～」

49 「可別失敗啊」

各位是否總是搶在孩子前面，想預防孩子失敗呢？

重要性 ★★☆☆☆

孩子看起來快失敗時，
就開口提醒
「要注意別失敗囉」，
或是搶在前面出手相助……
這樣是否過度保護了呢？

勇敢一點讓孩子失敗吧。

育兒的書籍經常提到，讓孩子趁小接觸各種失敗比較好。裡面還寫說……不讓孩子失敗，等同於剝奪了孩子成長的機會。

人在失敗後會基於「我做不到！」、「好懊悔！」等想法重新振作，並思考「下次該怎麼做才會成功」，而人類就是透過一次又一次的經驗成長的。

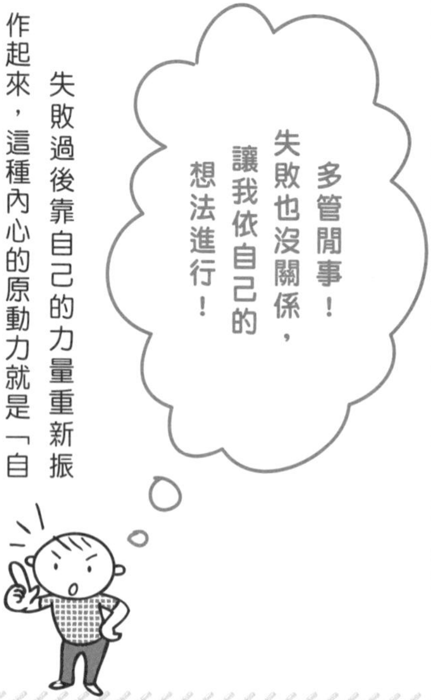
多管閒事！
失敗也沒關係，
讓我依自己的
想法進行！

失敗過後靠自己的力量重新振作起來，這種內心的原動力就是「自信」。

相反的，從未體驗過失敗的人，長大後會過度害怕遭受挫折而不敢挑戰新的事物，也會不耐打擊，小小的失敗就容易受到大大的傷害。

但是真的要讓自己的孩子「體驗失敗」

卻是很困難的一件事情。

做父母的總是會想很多，例如不想看到孩子沮喪、不希望老師或其他媽媽認為「那個人都沒在管教孩子」、孩子有可能會認為「媽媽都袖手旁觀」而受傷……。

身為父母，發現孩子有狀況就想開口或出手干涉是正常的。但是只要不危險的話，也可以「刻意不去看」以避免自己發現。

我曾想過「孩子會從失敗中學習，所以失敗是好事。如果孩子失敗後試著稱讚孩子會怎麼樣呢？」於是就嘗試看看。

結果我家孩子更加來勁，最後還笑咪咪地刻意失敗，所以我只好放棄。

父母能做的，或許只有事先排除真正有危險的事物，接著告訴自己「失敗為成功之母」然後不斷忍耐吧。

換句話說！

「唉喲喂呀。」
「失敗了也沒關係。」

50

「我不管你了啦」

雖然很清楚媽媽失去理智也無助於事……。

重要性
★★★☆☆

雖然明白孩子都有不要不要時期，
但是每天只會說「不要！」、「不對！」
根本是在挑戰父母極限。
最後忍不住喊出「我不管你了啦！」
然後陷入自我厭惡……。

✿不要不要時期是順利成長的證據。

孩子2歲時，正是最難搞的不要不要時期……「不要」、「不對」、「我要自己弄！」孩子總是像這樣拒絕大人，最後又因為事情不如預期而嚎啕大哭。

我也曾失去理智大喊「啊～我不管你了啦！」，而且還不是一次兩次而已。

不只是對孩子感到煩躁，也對無法溫柔對待孩子的自己感到厭惡……甚至有好幾次索性和孩子一起哭了。

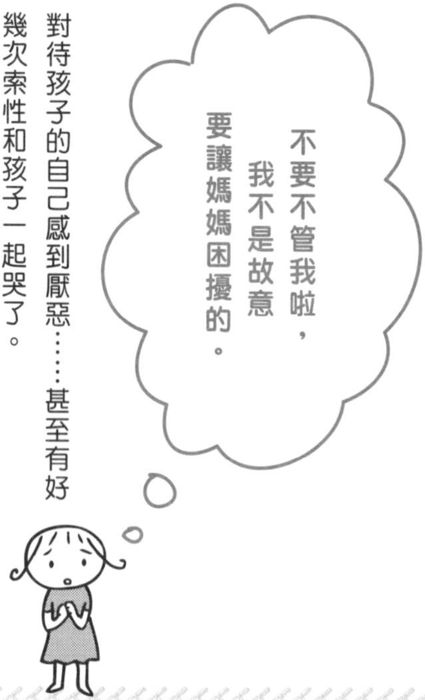

但是孩子並非故意要讓父母傷腦筋。

2歲的不要不要時期，是正常的成長過程，也是孩子開始出現「想自己做」的意願的證據。但是理所當然的，這時期的孩子還什麼都做不好。這種想像與現實的落差，會轉變為「不要不要」爆發出來。

據說在這個時期，當孩子表示「想自己做」時，就算會花很多時間，也要盡量讓孩子自己動手比較好。

就算要幫助孩子，也要讓孩子自己做到一定程度後，再問「能不能讓我幫你呢？」而非「要不要我來幫你」。

因為孩子沒辦法全部都自己來，所以我也曾經只讓孩子完成最後一道程序，將功勞讓給孩子。

另外「二擇一作戰」也很有效果，讓孩子選擇「這兩件事你要做哪一個？」孩子就會覺得是自己做決定的。還有像是「不准去刷牙喔」、「絕對不可以睡覺喔」，有時反向利用「不要不要」時期的特點，也能夠引導孩子做出想要的反應。

雖然我竭盡所能地嘗試過了，但是仍沒找到一勞永逸的好方法。

畢竟這是孩子正常的發育過程，所以或許只能當成害喜一般，深信撐過這段時期就沒事了。

據說在這時期抗拒得愈劇烈的「難搞孩子」，想像力與獨立心愈是強盛，可以說是「值得期待的孩子」喔。

我曾試著重複孩子的話。

換句話說！

「這兩件事你要做哪一個？」

「自己做做看吧。」

51 『沒有我的話，你什麼都做不好』

家長照顧得愈多，孩子就會變成「愈需要照顧的孩子」。

重要性 ★★★☆☆

孩子總是馬上就喊「媽媽～」求救，
「這孩子沒有媽媽的話，
什麼都做不好」當我這麼說後，
卻被丈夫指責
這樣是過度保護。

✿主角是孩子，父母只要關注孩子。

「真是的，這孩子沒有我幫忙的話，就什麼都做不好」媽媽這麼說道。在孩子還小的時候，媽媽說出這番話是相當溫馨的。但是如果孩子上了大學、出社會時，媽媽還說著一樣的話，那就不太妙了吧？

現在孩子還小的家長，應該都認為自己不會變成那樣吧。但是「孩子明明會自己長大，父母卻無法改變自己的態度」這種事其實經常發生。

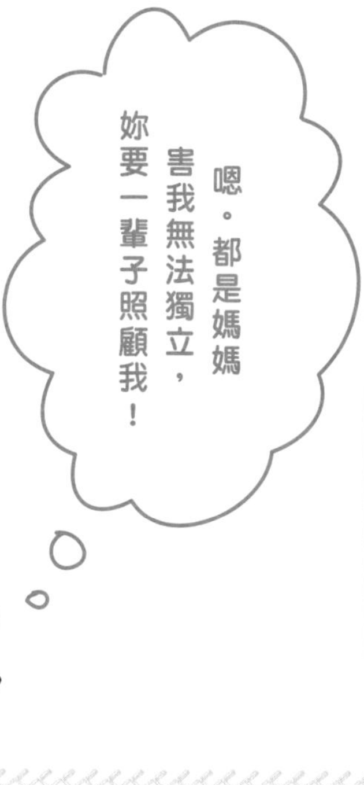

我們身為父母，其實心裡也會希望「自己被孩子需要」，而且比實際上更容易認為「他還是個孩子」。一直維持這種態度的話，就會錯失「讓孩子獨立」的時機，變成孩子明明長大了，卻仍跟前跟後嘮叨著的母親……。

為了避免這種事態發生，育兒時必須特

育兒就是要堅忍不拔

別留意「讓孩子獨立」這件事情。

具體來說就是……耐心等候。

抑制自己「想幫孩子做」的心情，在一旁守護，讓孩子自己思考並採取行動，就算孩子得花很長的時間，也不要催促他「快點完成」，而是在一旁靜靜等待。也就是說，我們必須忍耐。

就如同「親」這個字，就像是站在豎立的樹木旁看著一樣……但是實際做起來很困難對吧？

一直盯著孩子行動，就會忍不住想出手協助。

為了轉移注意力，我認為在等待的期間為孩子拍照，當作努力的紀錄也是個不錯的做法。

相反的，要是孩子明明自己辦得到，卻特別來要求「媽媽幫我～」的時候，就迅速協助孩子吧。

或許孩子只是想撒撒嬌，有時也可能是「想學習媽媽的做法」。

隨著孩子獨立，父母的出場機會就愈來愈少，實在是一件令人寂寞的事。但要是父母無法戰勝這份寂寞，孩子就沒辦法變得有自信了。

換句話說！

「你差不多該自己試試了吧？」

本章總結

是靜靜守候？還是掌控孩子的人生？試著重新審視自己的內心吧！

對孩子來說，最害怕的就是被父母捨棄，而且大人與小孩之間的力量差距也相當懸殊。

所以我們身為父母，總是會不小心就用威脅的方式操控孩子。

透過威脅讓孩子乖乖照做，比認真與孩子談話、耐心與孩子打交道還要簡單輕鬆許多。

但是這樣一來，孩子無論長到幾歲，都只會是父母的魁儡而已。

父母愈是因為孩子聽話照做而感到喜悅，或許就愈危險也不一定。

親子之間不是支配關係，而是守候著孩子的父母，與在父母守候下慢慢長大的孩子。想要構築如此理想的關係，我們當父母的就要回頭審視自己的做法，想想自己「是否試圖掌控孩子」。我認為這是非常重要的。

第6章

「能夠生下來真是太好了！」的喜悅讓孩子的自信充滿光輝。

不要把孩子拖進牢騷地獄

52 「都沒長大耶」

就算看似每天都一樣，孩子的內心其實也發生了某些變化。

重要性 ★★★☆☆

兒子已經上了小學，
還是一樣幼稚，
讓人不禁感到厭煩。
有時也會忍不住想：
「孩子都沒長大耶……」

✿孩子積蓄能量後就會成長。

我們很容易以為成長就是不斷上升的圖表，今天比昨天順利、明天比今天更好、努力多少就會獲得多少回報。

但是事實上，孩子的成長狀態其實並非如此。

曾經有位老師用「鹿威」比喻。鹿威是一種在風情洋溢的日本庭園中，會發出敲打聲響的竹製用品。盛滿一定水量後會突然動起來，但是在水還沒盛滿的時候，看起來一動也不動。

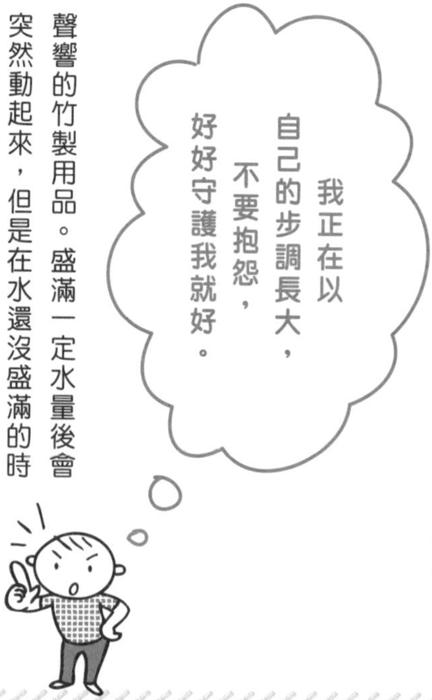
我正在以自己的步調長大，不要抱怨，好好守護我就好。

若是現在看不出孩子的成長，可能是因為孩子剛好正在累積經驗的時期。即使我們看不見，孩子肯定也正在發生變化。就像鹿威一樣，某天就會喀噠一聲突然動起來。

所以不小心說出「你都沒進步」、「你都沒長大」的話，就等於否定了孩子日常的努力，會讓孩子失去自信。

雖然當父母的當然會著急，但是最理想的狀態，還是不能操之過急，要靜靜守候著孩子。

育兒的煩惱都是期間限定的，每一項煩惱一定都有「結束」的一天。

在哺乳、換尿布、夜啼中無限循環的嬰兒時期；讓人想哭著問「還要跑到什麼時候？」追在孩子後頭的時期；不管說什麼都要否定的不要不要時期……雖然也有快樂的時光，但是對我來說厭煩到受不了的日子還比較多。

我好幾次一想到明天還要過著相同的日子，就想拋棄一切逃到遠方旅行。

但是回過神後，孩子已經長大到能夠完全打理自己的年紀。

孩子每天都在進步。

儘管如此，身為母親的我卻仍時不時把孩子當成嬰兒對待……讓孩子不禁苦笑「媽媽都沒有進步耶」。或許一直沒有成長的，是父母而不是孩子吧。

換句話說！

「今天比昨天更好了呢。」

「你很努力呢。」

53 「那個老師不太好呢」

父母說老師的壞話，孩子也會不把老師當一回事。

重要性 ★★★☆☆

今年的班導是剛畢業的年輕女性，
看起來不太可靠，
結果不小心對孩子說出：
「那個老師不太好，
你自己要多認真點。」

父母必須與學校同心協力。

做父母的，當然會在意班導是個什麼樣的人。

但是父母最好不要在孩子面前說別人壞話，尤其是說老師的壞話。

孩子要是真的相信「我的班導是個沒用的人」，那麼無論老師在學校教得多認真，都很難獲得效果。

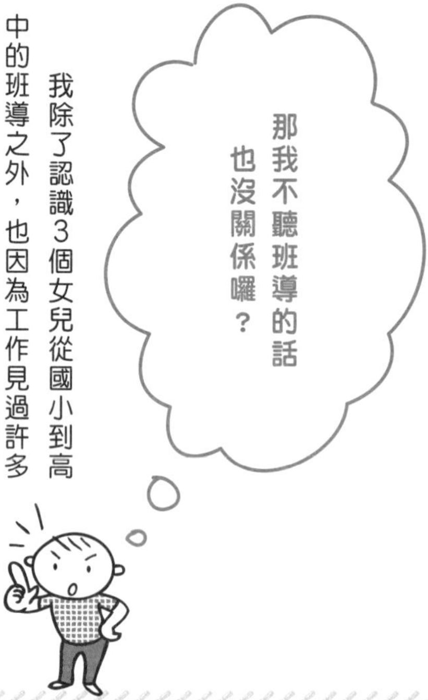

我除了認識3個女兒從國小到高中的班導之外，也因為工作見過許多老師。

令人訝異的是，我遇見的這些老師全部（全部喔！）都對工作很有熱誠，除了上課之外也投注心力在社團活動的指導上，每天耗費大把時間認真考慮孩子的事情。

沒錯，會立志成為老師的人，本來就都個性認真也很喜歡孩子吧。

班導看起來愈是靠不住，就愈要告訴孩子「那是位好老師」，每逢學校的各式活動時，也要表現出「支持老師」的態度。

只要花心思尋找，就會發現不管是能陪孩子一起努力的年輕老師，還是經驗豐富的資深老師，都各有不同的優點。

有時可能是班導懷孕了，中途上陣的代課老師脫離家長的期望。但是也可以把這當作很好的機會教育，帶領孩子認識生命的重要。班導生病或受傷時也是如此，他們能夠教導孩子的不只有眼前的成績，肯定還會教會孩子許多同樣重要的事情。

我認為在認定老師「不太好」之前，先讓孩子看到自己積極尋找老師優點的態度，正是父母的責任。

但是不可否認的，現實中仍有少數令人困擾的老師，像是會體罰、性騷擾學生的老師，或者是無法授課、教學能力不足的教職員等。

如果不幸遇到問題教師，請千萬不要獨自對抗，應聯絡其他家長一起處理。必要時也可以帶著客觀的證據去找校長或學年主任申訴。

換句話說！

「你遇到了好老師，真幸運！」

54 「你可別變得跟你爸一樣」

對孩子抱怨丈夫的話，媽媽會變得不幸？

重要性 ★★★★☆

丈夫實在是靠不住。
因為不希望孩子變成那樣，
就跟孩子說：
「你可別變得跟你爸一樣。」
「以後別找你爸那樣的人結婚。」

✿想辦法找出爸爸的優點吧。

有句話叫「世界上沒有不令人後悔的婚姻」，夫妻間會爭吵、遇見風浪。我家也……不，我不會寫出來的，但是幾乎沒有人對丈夫毫無怨言吧？

不過最好還是要避免在孩子面前說丈夫的壞話。

孩子有一半的基因來自爸爸，就算爸爸真的很糟糕，聽到他人批評自己的爸爸，孩子也會覺得自己好像被否定了。

再加上媽媽要是滿口怨言，看起來很不幸福的話，孩子也會對未來的婚姻生活失去期待。

那麼不抱怨丈夫的話該怎麼做才好呢？這時請夫妻雙方正視婚姻生活，在孩子面前表現出努力改善的態度吧。

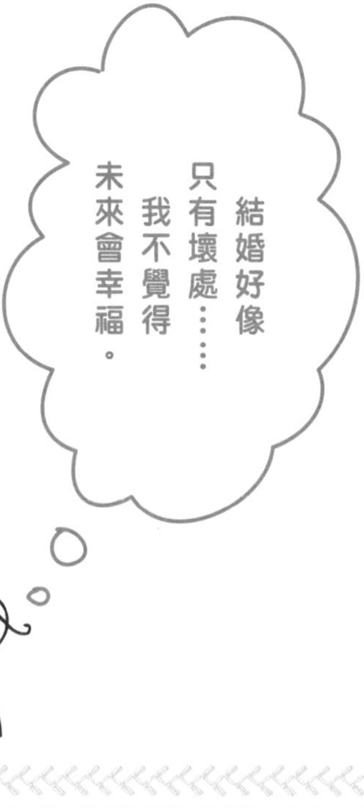

就是因為辦不到才會抱怨啊……若是這樣的話，就請對同為媽媽的朋友等大人抱怨吧，不要在孩子面前說出來。

只要在能力所及的範圍內努力即可，夫妻應該盡量在孩子面前表現出互相尊重對方的態度。

若是媽媽在孩子面前強調爸爸的地位，表示「找爸爸商量看看吧」、「爸爸的工作很重要喔」，那麼孩子也會尊敬爸爸，心想「我是這麼棒的爸爸的孩子！」而能夠充滿自信。

說不定在孩子的尊敬之下，爸爸的行為也會往好的方向發展。

相信也有人認為自己的「婚姻失敗」對吧？儘管如此，還是盡量別在孩子面前貶低另一半比較好。

因為過去行為產生的結果，也就是誕生於這個世界上的，就是眼前的孩子。

「因為能與你相遇，所以我一點也不後悔過去的事」如果能這麼對孩子說的話，那就太好了。

換句話說！

「爸爸很厲害對吧！」

「我覺得能和媽媽結婚很幸福喔。」

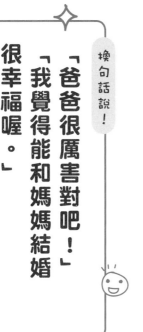

55「我真不該生孩子的」

必須不斷忍耐的育兒生活，讓媽媽也忍不住投降。

重要性 ★★★★★

育兒很費工夫，
孩子總是不聽話又很任性，
讓媽媽完全沒有自己的時間。
每天都很後悔
「不該生孩子的」。

✿媽媽也要珍惜「自己」。

無論孩子提出多麼任性的要求，都能夠微笑應對、輕鬆滿足孩子的幸福媽媽……雖然這聽起來很理想，但是世界上並沒有這種媽媽（真的有也是相當有錢的名媛吧……一般人很難辦到）。

「都是因為這孩子，我才沒辦法做喜歡的事情，一點自由時間也沒有」我也曾有過這麼想的時期。

沒時間睡覺的新生兒時期、凡事都需要照顧的嬰兒時期。除了照顧孩子之外，還有不論多疲倦都不得不做的家事與工作。每天都必須與睡意對抗，努力過日子。

育兒絕對不是什麼輕鬆的事情，肉體與精神都會飽受折磨。

可能有人會說「當媽媽本來就是這個樣子」，沒錯，這也是讓人痛苦的原因之一。

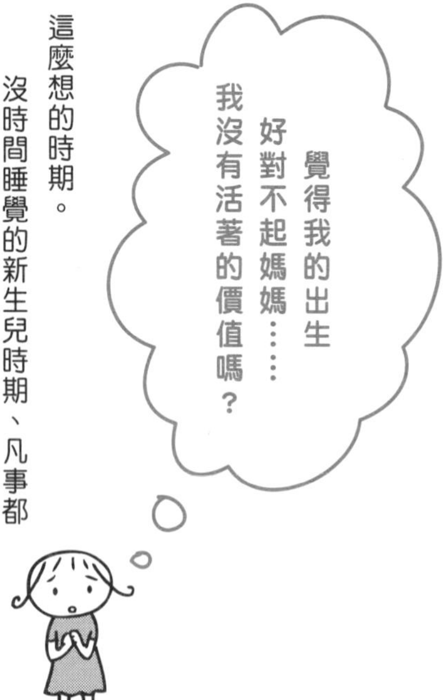
覺得我的出生
好對不起媽媽……
我沒有活著的價值嗎？

無論多麼努力、多麼忍耐都被當作「理所當然」的事，不僅沒有人會稱讚自己，孩子還一直在哭、讓人手忙腳亂……儘管這不是孩子的錯，還是令人不禁想責怪孩子「都是這孩子的錯……」。

結果又開始厭惡自己不夠成熟，煩惱自己是不是沒資格當個母親……我甚至曾因壓力引發突發性耳聾，其他還有內臟方面的疾病，讓我住院了好幾次。

雖然和孩子分開很難過，但是在住院與出院時我卻突然體會到一個事實：「沒有父母在，孩子也會長大。」

為了家人犧牲自己的興趣、工作，將自己想做的事情不斷往後挪……乍看之下是種美德。

但是這只是錯覺而已。

這些壓力會在不知不覺間從內在腐蝕媽媽的身心，遲早會將煩躁宣洩在孩子身上。

雖然有時候必須忍耐，但是不必要的時候，請盡量不要忍耐。我認為這才是最理想的育兒狀態。

換句話說！

「我覺得能當你的媽媽很幸福喔。」

56 「……唉（嘆氣）」

當著孩子的面嘆氣，孩子會覺得受到責難。

重要性 ★★★☆☆

雖然覺得孩子很可愛，
但是只有育兒的生活太煎熬。
和昨天相同的今天，和今天相同的明天，
總覺得這樣的日子永無止盡，
讓人不禁嘆息。

✿傾吐內心的脆弱也沒關係！

經常有人會說：「孩子很快就長大，不好好享受育兒時光就太可惜了。」

雖然想盡力打造美好的回憶是件好事，但是也不必因為無法樂在其中就覺得自己不夠好。

在孩子年紀還小的時候，會覺得同樣的日子似乎將永無止盡持續下去。不管孩子多麼可愛，痛苦就是痛苦，煩躁時就是會感到煩躁。

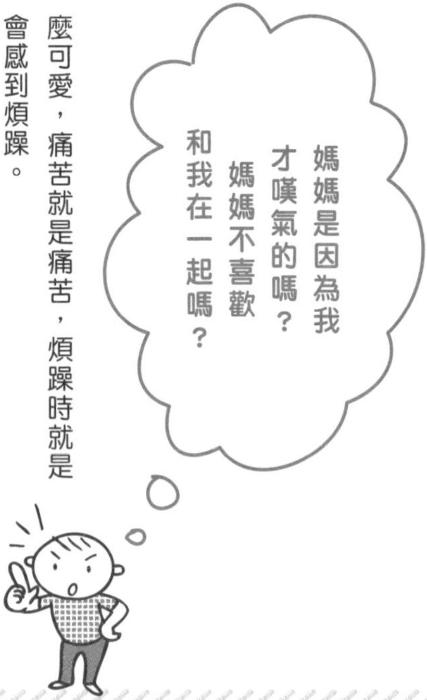

媽媽是因為我
才嘆氣的嗎？
媽媽不喜歡
和我在一起嗎？

但是在孩子面前仍應該盡量避免嘆氣。

當著孩子的面嘆氣，就等於默默傳達給孩子「我對你感到厭煩」的訊息。

孩子會小心翼翼地看媽媽的臉色，懷疑是不是「自己的錯」。

儘管如此，若是要求各位「連嘆息都得

忍耐」實在太不講道理了。

只要不是將問題歸咎在孩子頭上的說話方式，我認為媽媽偶爾向孩子傾吐內心的脆弱是沒問題的。

知道媽媽也有脆弱的一面時，孩子就會變得貼心。

「媽媽可以睡一下喔」、「我幫妳按摩」等，雖然看起來像是在玩家家酒，但是孩子想撫慰媽媽的心情是認真的。這時候就說聲「謝謝」讓孩子來療癒一下自己吧。

更何況，若是媽媽不願意傾吐自己的脆弱，孩子也會忍耐不說出脆弱的話，不斷勉強自己。

讓孩子實際體會「說出軟弱的話也沒關係」、「就算有脆弱的一面，也會被愛、被原諒」，孩子就會培養出自信，認為「就算自己不夠堅強也沒關係」。

就算有沮喪的日子，當媽媽的還是會想要表現得堅強一點對吧？

我某次不小心嘆息時，朋友發現了一個方法，那就是用力地嘆出胸口的悶氣。不是「唉……」這種綿長的嘆氣，而是「喝！」這種短促的方式。

試著去做後，我發現自己很神奇地恢復精神了。請各位務必嘗試一次看看。

換句話說！

「喝！」（提起幹勁）

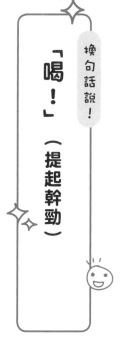

57 「媽媽我真沒用」

孩子也會繼承父母的沒自信。

重要性 ★★★★☆

雖然希望孩子有自信，
但是身為母親的我
本身卻缺乏自信。
該怎麼培養出
自己的自信呢？

✿自己也能夠為自己培養自信。

我們都希望能讓孩子有自信對吧？

但是如果詢問這些媽媽們「對自己有沒有自信？」的時候，大家（我大概也是）都會在胸前小幅揮動雙手，邊說著「沒有沒有」、「怎麼可能！」邊倒退三步。

大部分的媽媽都很謙虛，但是過度謙虛也不太好。

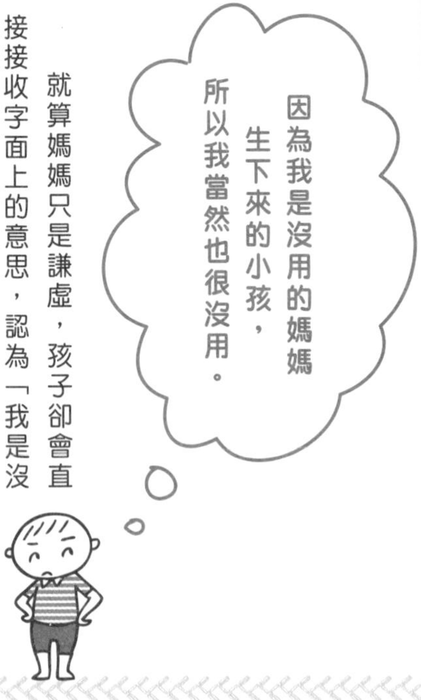
因為我是沒用的媽媽
生下來的小孩，
所以我當然也很沒用。

就算媽媽只是謙虛，孩子卻會直接接收字面上的意思，認為「我是沒用的父母所生，我當然也很沒用」。

如果媽媽真的認為「自己沒用」的話，那就更不好了。這樣的媽媽會擅自認定「我生的小孩肯定不會多厲害」，進而影響對待孩子的態度。

媽媽本身是否有自信，也與孩子能否培

養出自信息息相關。

媽媽我也很厲害喔。
嗯、嗯
生氣時很厲害
肚子也很厲害

那麼現在沒有自信的媽媽們該怎麼做才好呢？

我認為沒自信的話，就想辦法靠自己培養自信即可。

自信是可以靠自己培養的。

因為自信的真面目，就是深信自己「只要有心就辦得到」。只要自己的努力、成果或生存價值受到肯定，聽到「好厲害喔！你很努力呢！」並反覆獲得這種體驗，自然就會慢慢產生自信。就算是毫無根據的稱讚也無妨。

首先，請先告訴自己「你也可以擁有自信」。然後對於孩子與自己的存在或行為，反覆給予正面的評價。

請養成習慣每天進行這件事。只要持之以恆的話，應該會發現在培養出孩子自信的同時，媽媽自己也變得更有自信了。

換句話說！

「媽媽我也很厲害喔。」

58 「看來我的教育方法有問題」

對孩子說這種事情，孩子也沒辦法做什麼。

重要性 ★★★★★

在不斷撞牆的育兒生活中，
忍不住對著
不聽話的孩子說出：
「看來我的教育方法有問題。」

✿挽回育兒的「失敗」。

孩子的反抗很嚴重時，或是很多問題行為時，任誰都會忍不住回首過去，思考「那件事情做錯了」、「那個時候如果這樣做就好了」，最後不禁反省「該不會我的育兒方法失敗了吧？」。

但是直接對孩子說出「看來我的教育方法有問題」，等於全盤否定了至今的育兒過程與孩子的人生。

不僅說出這句話的父母本身覺得悲傷，連聽到這句話的孩子也不知道該怎麼辦才好，可以說是只會造成傷害的一句話。

我們也可以換個角度思考，孩子反抗或是做出問題行為時，正好是重新審視育兒方法的好機會。

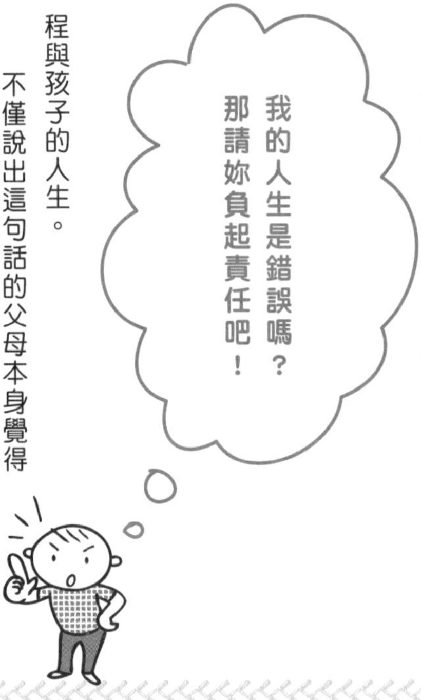

大家都要健康
謝謝你們
在我的養育下
健康長大

或許是至今的育兒方法有哪裡不足，所以才會出現反抗或問題行為……也就是說，孩子是在用言行告訴父母「有不足之處」的事實，並希望父母能修正。

不足的地方或許是「孩子想撒嬌時沒能讓他好好撒嬌」，也或許是「希望父母更加認同自己」或「希望父母能更嚴厲地對待自己」等。每對親子的狀況都不一樣，所以只要認真審視，肯定能夠挽回失敗。

現今有許多父母都誤認為「孩子的人生只有一次，所以絕對不能失敗」，結果在育兒過程中把自己逼得很緊。

要不要試著換個想法，想想在孩子還小的時候，就算失敗了也還能挽回呢？

當我們想要認真教養孩子時，真的會非常煩惱。有時心情會動搖，有時會忍不住想說喪氣話。

即使如此也無妨。

錯了只要再修正就好，因為每個人都是透過不斷的努力逐漸成長。

換句話說！

「謝謝你在我的養育下健康長大。」

本章總結

試著從今天開始戒掉埋怨。把目光放在未來，更帥氣地活著吧！

任誰都會有想埋怨的時候……但是埋怨具有破壞孩子心靈的力量。

媽媽埋怨的時候，孩子就會變成聽媽媽埋怨的垃圾桶。

孩子會認為自己「必須無條件承受媽媽的想法」。

但是孩子是很脆弱的，會因此產生「媽媽很不幸我卻幫不上忙，自己真沒用」等想法，最終不禁自責「這麼沒用的我要是沒出生就好了」。

如此一來，就連活著這件事本身都令孩子感到煎熬。

為了避免將孩子逼到如此境地……請各位和總是埋怨的生活方式說聲再見吧。

明天總會有新的風吹來。

我認為原諒過去的自己、原諒他人，把心思放在未來，展開率性生活的女性是很帥氣的。

第7章

「自己的人生要靠自己活！」的覺悟
能夠推動孩子的自信。

不要稱讚過頭

59 「你考100分，就給你100元」

用禮物或金錢等「獎賞」引誘孩子，效果並不長久。

重要性 ★★★☆☆

孩子缺乏讀書幹勁時，
就試著祭出獎賞作戰：
「你考100分，就給你100元。」
如此一來孩子就願意認真念書了，
所以是好方法對吧？

✿ 著重於心靈鼓勵而非物質獎賞。

我家女兒就算喊好幾次「快去讀書！」也不為所動，但要是告訴她「讀完書有蛋糕吃」的話，就會趕快跑去書桌前讀書。

孩子開心，父母也輕鬆，獎賞的威力真的很大。

但是用錯方法的話就會造成反效果。

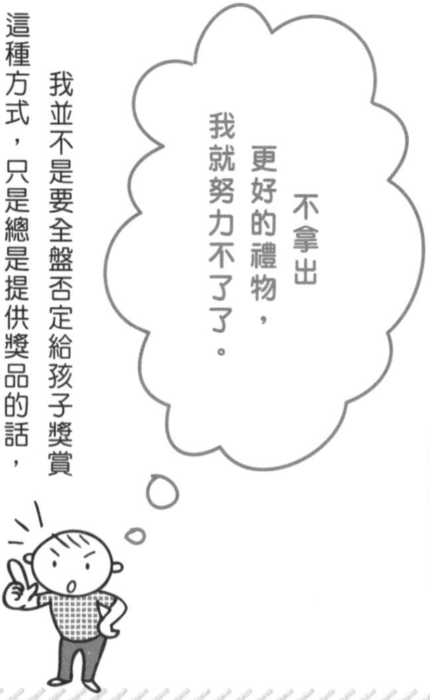

我並不是要全盤否定給孩子獎賞這種方式，只是總是提供獎品的話，隨著次數增加，勢必得加強獎品的價值，經濟負擔也會愈來愈大。

此外「讀書就有獎賞」不知不覺間會變成「為了獎賞而讀書」。要是孩子心想「沒有獎賞就不讀書」而失去幹勁，或是「為了獎賞不擇手段」竄改成績的話就傷腦筋了。

所以請不要用物品或金錢引誘孩子，改成大量給予肉眼看不到的鼓勵吧。

例如放長假時一起出去玩，把這類親子同樂的體驗當作「獎勵」也是很棒的方法。

此外，特別是在孩子低年級的時候，稱讚他也是很有效果的獎勵方式，例如對孩子說「好厲害！你一個人解出這麼難的題目嗎？」、「你讀書的模樣好帥氣！」等等。

稱讚孩子的訣竅，在於別執著於分數與排名等「結果」，而是稱讚孩子主動坐到書桌前、正在做功課等「過程」。因為我們無法左右「結果」，但是孩子自己就能夠控制「過程」。

反而更辛苦了……
拿不到100元了
在意這個啊
嗚哇哇哇
75

換句話說！

「好厲害喔，這麼難的問題也解得出來。」

60 「一定要第一名！」

對孩子施加不必要的壓力，會摧毀孩子的自信。

重要性 ★★★★☆

文武雙全的「優秀孩子」是我的理想。
為了實現理想，
我總是嚴格教育孩子：
「一定要第一名！」

✿不要過於執著勝負。

只要努力的話，通常都能夠拿到差不多合格的結果。如果還要再往上拿到第一名的話就很困難了，所以有些人會很堅持「不是第一名就沒意義」。

為了引導出孩子的幹勁，讓孩子以第一名為目標努力競爭，也是一種推動孩子氣勢的方法。這種方法符合孩子個性的話，孩子就會享受競爭並逐漸成長。

但是仍有一些必須注意的地方。

那就是長期維持孩子贏了就稱讚、輸了就貶低的狀態時，孩子會開始認為「競爭一定要贏」、「不是第一名就沒意義」，結果出於好意說出的話反而變成詛咒，讓孩子不成為世界上最優秀的人就無法由衷感到喜悅。

世界上有五花八門的人，比較與競爭都是沒完沒了的。

而且有時候需要的不是競爭，而是互助合作、互相退讓，有時候必須得輸才行，甚至有句話叫做「認輸的才是贏家」呢。

對育兒非常有熱情的爸爸媽媽們，很容易會誤以為「孩子的成績與能力=自己的評價」，但是過於執著第一名的話，孩子會非常辛苦。

若被父母斥責「不是第一名就不行！」的話，孩子就不是為了自己的喜悅而努力，只是因為不想辜負父母的期待，甚至是害怕辜負期待會被拋棄，才會這麼拚命努力……這樣的孩子長大後，可能會變成沒有指令就不會做事情，總是看他人臉色行事、毫無自信的人。

所以我認為，執著於「第一名」其實是一件愚昧的事。

畢竟孩子總是認為，不管和其他什麼人比「自己的爸爸和媽媽才是最棒的！」。

換句話說！

「盡你最大的努力吧。」

61 「你有心就一定辦得到」

雖然很常用來鼓勵人，但其實是必須留意用法的危險話語。

重要性 ★★★☆☆

孩子總是翹掉運動的練習，
讀書也不肯認真。
不管如何鼓勵孩子
「你有心就一定辦得到」，
孩子也絲毫提不起幹勁。

✿藏在內心比說出來更好。

看到孩子努力的成果時，我們會用「你有心就辦得到嘛！」這句話來認同孩子；孩子明明有實力卻不夠勇敢時，也會說「你有心肯定辦得到！」推孩子一把。雖然這句話看起來相當正面，但實際上在使用時也必須多加留意。

就算花的時間相同、做的事情相同，每個人能夠拿出的成果因人而異。

雖然父母是在評估孩子的實力之後，認為「這點小事應該辦得到」才鼓勵孩子「有心就辦得到」，但是父母往往會因為期望過高而評估錯誤。

若是父母過度高估孩子，持續告訴孩子「不，你只要有心的話一定可以辦到，因為你很聰明」的話，孩子只會滿心自卑，認為「我有在努力了！我很認真去做了，但還是

我有在努力啊……
努力也辦不到的自己
是沒用的孩子嗎？
不要再逼我了！

辦不到啊！」。

這樣非常痛苦對吧？孩子簡直是被逼到絕境了。

經常聽到「有心就辦得到」這句話的孩子當中，有些孩子會乾脆選擇什麼都不做。

因為如果「有心去做了」卻發現辦不到的話，就等於證明自己是沒用的孩子。只要什麼都不去做，那麼就可以一直抱持著「自己有心就辦得到」的期待。

結果「什麼都沒做」，就這樣長大的人並不罕見。

儘管如此，身為父母還是無法捨棄「我家孩子有心就辦得到」這樣的期望。

這時只要經常提醒自己「有些事情不是做了馬上會有成果」，也不要把這句話整天掛在嘴上……只要在內心深信「我家孩子有心就辦得到」即可。

換句話說！

「你很努力了呢。」

62 「真可憐」

失敗時、沮喪時……或許光憑同情是克服不了的。

重要性 ★★★☆☆

孩子很可惜地考試落榜了……
雖然父母也很失望，
但是孩子本人已經很沮喪了，
所以就跟孩子說「真可憐」
安慰孩子。

✿練習憑自己的力量克服難關。

任誰都有想著「我怎麼會這麼可憐？」並自怨自艾的時候。每個人偶爾都會陷入沮喪、悲傷、消沉的情緒中。

這時我們會感受到自己的脆弱。

並且誤以為不會出現這種負面情緒的人才是「強悍的人」。

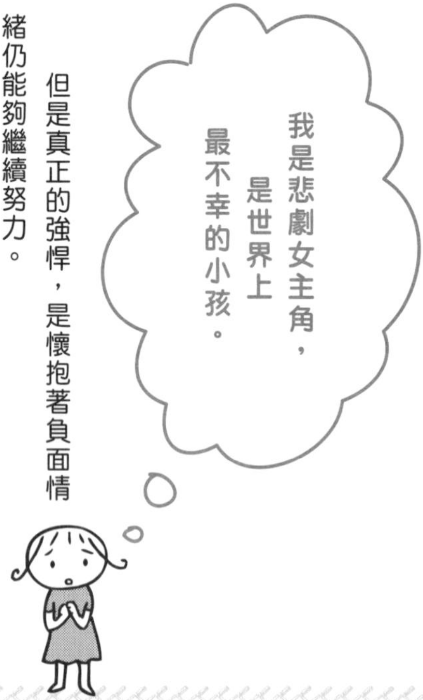

但是真正的強悍，是懷抱著負面情緒仍能夠繼續努力。

要比喻的話，就是這種強悍不是不會輸的強悍，而是輸了也能夠重新振作起來的強悍。無論被打倒多少次，即使哭著還是會重新站起來，我認為這才是真正的強悍。

人在覺得自己「很可憐」的時候，就會覺得自己愈來愈悲慘，離真正的強悍就愈來愈遠。

孩子在困難中受挫而沮喪時，父母可以將其視為「孩子正在練習如何憑自己的力量重新振作」。

如同嬰兒時期會透過跌跌撞撞學會走路一般，孩子正在學習無論陷入沮喪多少次，都能夠振作的方法。

有句話叫做「危機就是轉機」，沮喪之後其實也會迎來大大的成長。相較於安慰與同情，身為父母只要跟孩子說「你一定沒問題」，信賴他並從旁靜靜守候即可。

世界上到處都有悲慘的命運、不幸與悲傷，有些孩子的境遇是真的非常可憐，儘管如此，我仍不想要基於同情而隨口說出「真可憐」。

無論發生什麼事情，太陽總會升起，明天總會到來。人生經驗比孩子豐富的大人，必須引導孩子積極面對未來，告訴他們「未來肯定會有快樂的事情發生！」。

換句話說！

「你一定沒問題。」

「這反而是個機會。」

63 「再加油一點！」

雖然是想鼓勵孩子，卻可能反而造成壓力。

重要性 ★★★☆☆

孩子用自己的方式在努力，
結果卻差強人意……
為了讓孩子再挑戰一下，
於是鼓勵孩子：
「再加油一點！」

✿認同孩子的努力吧！

我們經常對孩子說「加油」，運動會等場合，也會在觀眾席拚命喊著：「加油！加油！」

但是除了這些場景之外，「加油」這句話依使用情境不同，有可能會造成反效果。

其實我就曾遇過這樣的情況。我以輕鬆的心情對正在準備考試的孩子說：「加油！」

結果孩子說：「那是當然的啊！我不是正在加油了嗎？」並哭了出來，所以我就修正說法：「那……不然不要努力加油了？」結果孩子就生氣了：「媽媽妳這個笨蛋！」

雖然過一陣子冷靜下來後，孩子還是說「我會加油的」，但是總覺得自己做了不太好的事。

正在努力的時候還聽到「再加油一點」，

會覺得當前的努力被否定了，內心反而更加痛苦。

長久持續下來，孩子或許會認為「再加油一點↓現況還不行↓你是沒用的小孩」，覺得自己被否定了。

但是如果反過來說「不加油也無妨」，則會變成在告訴孩子「你努力也沒用」。

我認為想要讓孩子樂觀積極的話，就要告訴孩子「我明白你的努力」、「我認可你的努力」。

相較於「再加油一點」，還是建議用「你很努力呢」、「你已經很努力了呢」去鼓勵孩子比較好。

我在讀孩子的英語教材時，發現美國在孩子準備挑戰某件事的時候，會跟孩子說「Relax（放鬆）」或是「Enjoy（享受）」。

所以開朗地對孩子說聲「去好好享受吧！」或許也不錯。

換句話說！

「你很努力呢。」
「你已經很努力了呢！」

64 「我是為了你好」

真正為的是誰？父母是否為了自我滿足而利用孩子了呢？

重要性 ★★★★★

孩子不想學習了。
要求孩子學習
明明是為了他的前途……
但是就算說「我是為了你好」
孩子仍然毫無幹勁。

☆想想自己是否真的是為了孩子。

育兒時所說的「我是為了你好」，其實是句很恐怖的話。

會說「為了你好」的人，都真心認為自己是「為了孩子」。但是父母為孩子著想，是天經地義的事情，那麼為什麼還會特地把「我是為了你好」說出口呢？

舉例來說，有位說著「我是為了你好」並且非常熱衷於要求孩子學習英文的媽媽，或許是因為自己在學校或工作上有過什麼悔恨的回憶，一方面不希望孩子經歷相同的事情，另一方面又想藉由孩子來彌補遺憾也說不定。

會說出「為了你好」的人，內心深處往往隱藏著想一掃自身陰霾的動機，不是真的為了孩子的成長著想。

爸媽明明是
為了我好才這麼說，
我卻聽不進去……
覺得好有罪惡感。

聽到父母說出「為了你好」時，孩子都會深信不疑。

但是在孩子的內心某處，仍會捕捉到父母不純的動機，因此無法坦率地遵從父母的指示。

為此，孩子會在父母的想法與自己的想法之間兩難，自責地認為「為什麼我沒辦法照爸媽的指示去做呢？為什麼沒辦法由衷感謝他們的愛呢？」，甚至可能背負罪惡感，心想「我是惹父母傷心的壞孩子」。

「為了你好」這句話會將所有的一切都正當化。

「我是為了你好。」發現自己不禁反覆說出這句話時，請檢視自己內心是否有什麼缺憾吧。就算最終還是交給孩子自行判斷，但是自己是否試圖影響孩子的想法呢？

這時請試著捫心自問：「我真的是為了這個孩子好嗎？是不是其實是為了我自己才這麼說呢？」

換句話說！

「你想怎麼做呢？只要自己決定就好。」

65 「你要和大家當好朋友才行」

逼迫孩子八面玲瓏，孩子會逐漸搞不清自己的好惡。

重要性 ★★☆☆☆

孩子即將上小學了。
因為期望孩子交很多朋友，
享受學校生活，
所以就告訴孩子：
「你要和大家當好朋友才行。」

✿所謂的「大家」是誰？

「和大家都是好朋友」聽起來很理想對吧？大多數的媽媽都希望自家孩子被許多朋友環繞，和朋友一起學習玩耍，在與許多人交流的同時成長。我也曾叮嚀過自己的孩子「要和大家當好朋友」。

但是其實我不禁這麼想……包括我在內的大人真是狡猾。

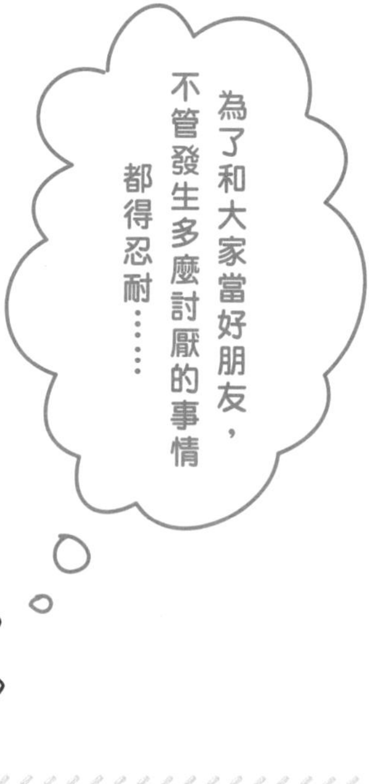
為了和大家當好朋友，
不管發生多麼討厭的事情
都得忍耐……

明明自己也有不擅長應付的人、討厭的人，根本沒辦法跟「大家」都當好朋友，卻要求孩子「必須和大家當好朋友才行」。

世界上有各式各樣的人。

每個人都有自己的個性，彼此間的契合度也不盡相同，想要和所有人都當好朋友，就必須學會八面玲瓏。

個性合群的孩子或許表面上看起來很會與別人往來，但是必須和「大家」當好朋友的壓力，會讓孩子為了配合群體而無法說出內心話，不敢做想做的事情……如此一來，就沒辦法培養出自信了。

所以在孩子苦惱沒辦法與「大家」當好朋友之前，大人先承認「和大家當好朋友」只是表面的漂亮話比較好。

有人喜歡和許多朋友一起玩鬧，有人認為就算朋友不多，只要是心靈相通的好友就夠了，也有人很享受獨自一人持續探索自己的世界。

就算大多數人都想和大家當好朋友，也不代表這是必須實現的義務。

我認為「要和大家當好朋友」的真正意思，是指和喜歡的對象和睦相處，遇到不擅長應付的人也能夠圓滑帶過，恰如其分地度過開心的每一天。

換句話說！

「你們能當好朋友真是太好了。」

「有許多不同的孩子呢。」

66 「你是我的生存意義」

將孩子視為生存意義，就必須依賴孩子的人生。

重要性 ★★★★☆

過著以孩子為中心的生活。
將照顧孩子視為人生的意義。
所以每天都很充實，非常開心！
真想和這個孩子
一輩子都在一起。

請成為不依賴孩子的母親吧。

為了孩子的一句「好吃」而努力煮飯、為了看見孩子的笑容而帶著孩子到處玩、為了在孩子的運動會占位置而一早就出門……育兒生活中，媽媽總是繞著孩子團團轉呢。

我也認為因為有孩子，才會有現在的自己。相信很多父母都是如此。

儘管如此，為什麼不能說出「孩子是自己的生存意義」這句話呢？

因為這句話會阻礙孩子的人生。

任誰都需要生存的意義。

但是將孩子視為生存意義的話，父母就會緊抓著孩子不肯放手，親子雙方都無法離開對方獨立。

嬰兒時期還沒關係，但要是一直持續到長大就不妙了。

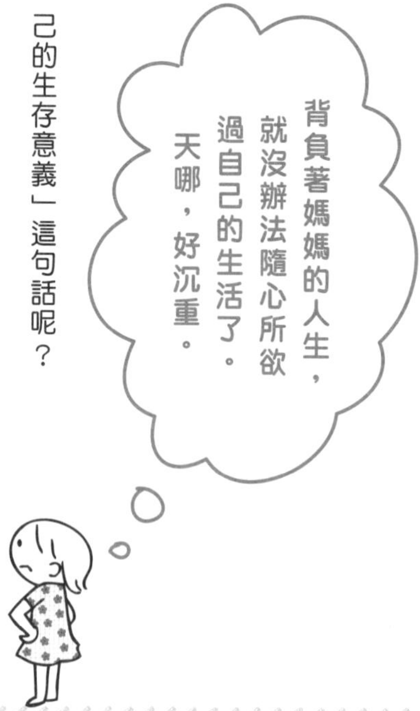
背負著媽媽的人生，
就沒辦法隨心所欲
過自己的生活了。
天哪，好沉重。

從孩子的角度想想就可以明白了，假設母親一直對自己說這種話的話會怎樣呢？假設婆婆將兒子（也就是自己的丈夫）視為生存意義的話會怎樣呢？

會覺得很苦悶吧？會希望對方鬆手，找找孩子以外的生活樂趣……對吧？

孩子到了青春期，也會開始將父母視為「獨立的一個人」。

這時孩子如果意識到自己的父母將自己視為生存意義，會怎麼想呢？

或許父母最好要做好心理準備，不是要讓孩子獨立，而是要自己學著獨立。

工作也好、當志工也好、培養自己的興趣也好，除了育兒以外，有沒有什麼能夠讓你感到快樂的事呢？有沒有什麼能夠為他人帶來助益的事呢？

慢慢來沒關係，要不要從現在開始練習讓自己獨立呢？

換句話說！

「每天都很開心喔！」

本章總結

孩子就算獨立了
還是深愛著媽媽。
果斷地放手，
然後享受自己的人生吧。

我們身為父母，總是忍不住將自己的人生與孩子重疊，下意識地想要掌控孩子。明明愛著孩子，卻要加上「因為你是乖孩子」等理由，或是附帶條件、強迫孩子接受自己的價值觀等等。

我想，正因為是父母才會如此吧？因為還記得孩子什麼都依賴自己的童年，所以忍不住認為「我懂那孩子的一切」。

於是就對孩子的人生產生過多的想法，甚至過於貼近孩子的人生。

但是……這是不行的。

孩子是獨立的個體，擁有與父母不同的人格。若是父母干涉孩子的人生，別說自信了，恐怕連內心都無法成長健全。

育兒，會一天一天地慢慢接近終點。

親子之間漸行漸遠也是極其自然的事……所以偶爾也試著回顧自己的心態，確認一下自己未來是否能夠果斷放手吧。

結語

本書介紹了許多有助於培育孩子自信的話語。只要有任何一句能讓各位覺得「嘗試看看吧」、「改變看看吧」，我將深感榮幸。

雖然是後記了，但我想補充兩點內文沒提到的事。

同一句話在「不同狀況」下，也會有不一樣的意思！

雖然本文寫了很多「這句話不行」、「換成這句話看看吧」之類的例句，但是溝通並非光靠語言而已。

表情與聲調等同樣都有重要的意義。

同樣是「笨蛋」、「阿呆」，既可以語帶輕蔑，也可以是對孩子做傻事的吐槽，例如「你在耍笨嗎（笑）」，或是飽含複雜愛情的「笨蛋♡」。

此外帶有嘲諷意味的「真不愧是你」，聽起來一點也不像稱讚的話。

若是透過聲調與表情，就能確實將自己為孩子著想的心情傳達給孩子的話，那麼就算用詞本身有點問題，也沒關係。

要對「缺乏自信」這個狀態更有自信！

每個人都會有不夠好的地方。

當然不會有人擁有百分之百的自信。

煩惱著「這樣好嗎」或是滿心擔憂、搖擺不定，也是為孩子著想所致。父母想要接受孩子成長過程中的巨大變化，勢必得經歷這樣的過程。

各位不用太過執著於有沒有自信，不，應該說請各位認為「沒有自信也無妨」。

父母願意肯定自我的話，孩子也能夠從父母的態度中學會肯定自我，認為「自己這樣子也很好」。

最後我要在此鄭重道謝。

在許多人的大力協助之下，本書才得以順利出版。

我要謝謝運用自身經驗畫出許多可愛插圖的速水えり老師，以現在進行式每天提供各種靈感的家人，還有總是在某處支撐我的幼稚園與學校老師、左鄰右舍、各位親朋好友，還有曾因為育兒太痛苦而哭出來的當時的自己。

最後，也要謝謝和當時的我有著同樣苦惱的「你」。

由衷地對各位說聲「謝謝」。

2020年春天　曾田照子

作者介紹
曾田照子
千葉縣出身，畢業於日本東洋大學文學系。曾任廣告製作公司文案設計師，後來獨立成為自由接案者。現在則活用養育三女的經驗撰寫相關書籍，著作包括《希望孩子成長時，媽媽不可以說的55句話（暫譯）》（メイツ出版）、《聽到別人說「那是因為母愛不足」時讀的書（暫譯）》（中經出版）等。

插畫家介紹
速水えり
主要從事可愛的插圖、指南書插圖、兒童讀物插畫等創作，並將養育三名兒女的生活畫成四格漫畫，全力享受育兒生活中。
http://erihayami.com/

Kettei ban Mama, Iwanai de! Kodomo ga Jishin wo Ushinau Kotoba 66

First published in Japan 2020 by Gakken Plus Co., Ltd.
Traditional Chinese translation rights arranged with Gakken Plus Co., Ltd.

與孩子對話的66堂練習課

掌握孩子需求的7大關鍵心理×66個例句解析，打造快樂的親子關係

2020年12月1日初版第一刷發行

作　　者　曾田照子
插　　畫　速水えり
譯　　者　黃筱涵
編　　輯　邱千容
封面設計　水青子
發 行 人　南部裕
發 行 所　台灣東販股份有限公司
<網址>http://www.tohan.com.tw
法律顧問　蕭雄淋律師
香港發行　萬里機構出版有限公司
<地址>香港北角英皇道499號北角工業大廈20樓
<電話>（852）2564-7511
<傳真>（852）2565-5539
<電郵>info@wanlibk.com
<網址>http://www.wanlibk.com
http://www.facebook.com/wanlibk
香港經銷　香港聯合書刊物流有限公司
<地址>香港荃灣德士古道220-248號荃灣工業中心16樓
<電話>（852）2150-2100
<傳真>（852）2407-3062
<電郵>info@suplogistics.com.hk
<網址>http://www.suplogistics.com.hk

Printed in Taiwan, China.